QU'EST-CE QUE TU FAIS DE BEAU ?

Photographies de CINQMAI

CW01671796

Sacs couture en cuir

par Petites Choses

EYROLLES

abra cada craft

Sommaire

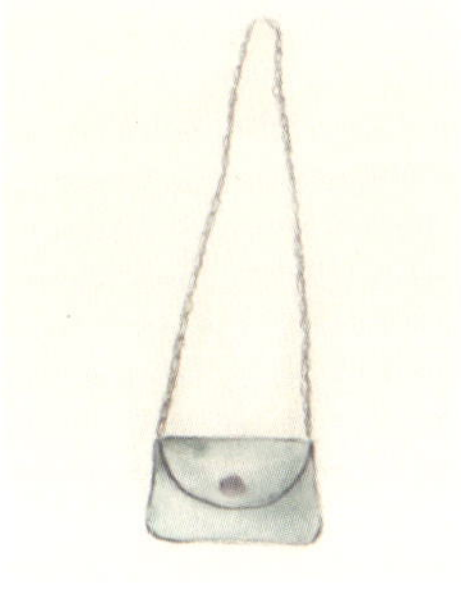

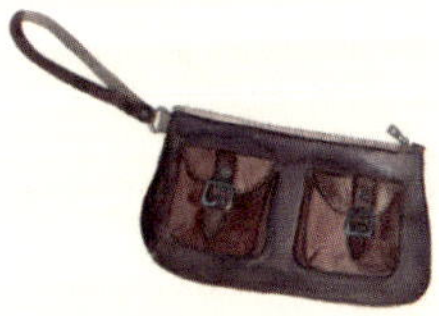

Bonus vidéo

VIDÉO

DÉCOUVREZ UN PORTRAIT DE L'AUTEUR DANY ENNUYER, DU BLOG PETITES CHOSES + DES TECHNIQUES DE FINITION PARTICULIÈRES GRÂCE À 2 TUTOS VIDÉO.

http://bit.ly/1mZE4wH

Introduction

J'ai grandi dans l'univers de la couture, du tricot et du crochet, mais, cet univers, je l'ai redécouvert bien plus tard dans ma vie, grâce notamment aux blogs créatifs. Je suis vite séduite par ce que je vois et lis puis... je me décide à mon tour à ouvrir un blog, en 2008, sous le nom de *Petites Choses*. Un premier billet sur le crochet et puis, très vite, tout s'enchaîne et je montre toutes mes réalisations en couture, au tricot et au crochet. S'ajouteront quelques idées de déco, mes coups de cœur, mes envies et ce blog deviendra rapidement le témoin de mon activité de créatrice.

Passionnée depuis ma plus tendre enfance par les beaux-arts, j'ai exploré plusieurs domaines. La gravure, la peinture et la mosaïque ont nourri ma passion pour les objets raffinés et, surtout, mon travail sur le cuir. Mon goût pour cette matière noble m'a donné de nouvelles envies de sacs, de bijoux et d'accessoires. J'aborde cette matière comme une couturière le ferait, mon travail du cuir ne prétend nullement rivaliser avec un travail de maroquinier qui suit des méthodes traditionnelles et artisanales.

Je propose ici douze sacs et accessoires pour agrémenter vos tenues et briller lors de vos sorties ! Tous ces modèles, même les plus sophistiqués, sont faciles à réaliser grâce aux explications et aux nombreuses illustrations. Bonne couture à toutes, et, pourquoi pas... à tous !

Dany Ennuyer

CDA

Petites Choses

Le MATÉRIEL *et les* TECHNIQUES

Le MATÉRIEL DE BASE

Vous aurez besoin du matériel suivant, disponible dans toutes les merceries :

- un **crayon à papier** ou **un feutre** pour tracer les gabarits (1) ;
- un **coupe-fil** (2) ;
- du **fil de lin**. Pour le travail du cuir, il est recommandé d'utiliser un fil de lin poissé. Le poissage permet au fil de devenir imputrescible et de coller au cuir. Ici, un fil de lin classique suffira (3) ;
- un **outil multiusage** (toujours présent avec les accessoires d'une machine à coudre) (4) ;
- un **kit d'aiguilles spéciales pour le cuir n° 80 à 100** pour machine à coudre (5) ;
- un **pied-de-biche en Téflon** pour machine à coudre. Ce pied vous permettra de bien faire glisser le cuir (6) ;
- un **jeu d'aiguilles à coudre** à la main pour cuir (7) ;
- des **petites pinces de bureau** (8) ;
- un **tube de colle** pour textile ou pour cuir (9).

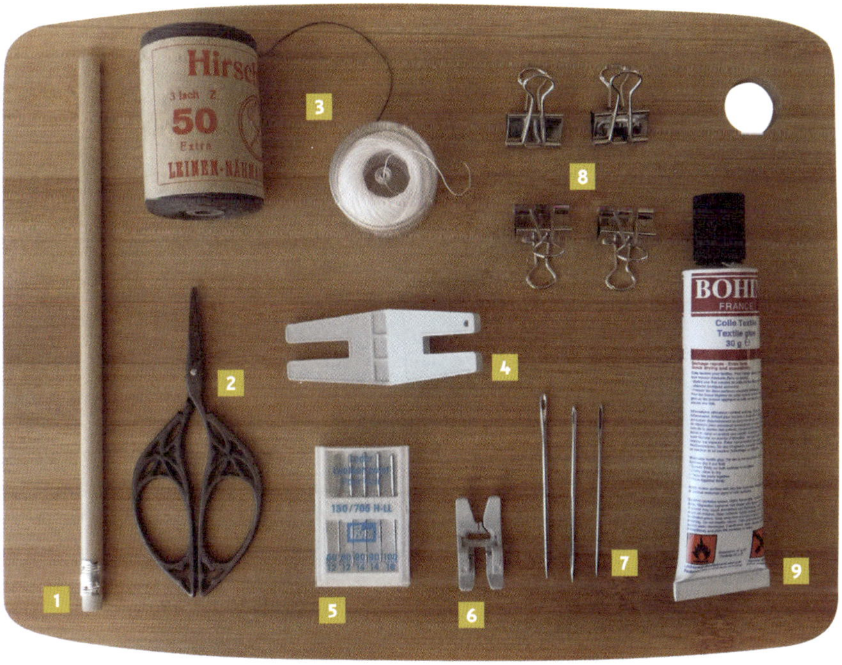

Conseil *Vous trouverez ces outils dans des magasins spécialisés dans le travail du cuir. Il existe quelques sites en ligne qui proposent des outils de qualité à des prix très raisonnables (www.decocuir.com).*

★ L'outillage de base

Voici une liste peu onéreuse pour débuter ; les outils suivis d'un astérisque ne sont pas indispensables :

- un **tapis de coupe en caoutchouc auto-cicatrisant** pour la découpe des pièces de cuir (1) ;
- une **plaque de coupe en Ertalon** ou autre polymère pour l'utilisation des emporte-pièce ; cette plaque évite que vos outils ne s'émoussent (2) ;
- un **maillet en bois** ou en polymère (3) ;
- un **réglet en métal**, pour bien mesurer vos morceaux de cuir (4) ;
- une **paire de ciseaux** classiques pour découper le cuir (5) ;
- une **alêne** pour percer le cuir (6) ;
- un **kit d'emporte-pièce** de différentes tailles pour percer des trous (n° 0,15 ; 0,3 ; 0,4 et 2) (7) ;
- une **pince à bijoux** pour fixer les anneaux, ou breloques, et pour ouvrir les maillons des chaînes métalliques (8) ;
- un **cutter classique** ou à roulette pour couper les formes courbes (9) ;
- un **petit réglet en métal** pour repousser le cuir dans les angles (10) ;
- des **matoirs** pour marquer les cuirs de décoration* (11) ;
- un **traceur** pour les cuirs plus épais* (12) ;
- un **crayon Argent**. Ce crayon est utilisé pour marquer les tracés de coupe sur le cuir. Après séchage, il est effaçable avec une simple gomme ou un chiffon humide (13) ;
- un **double décimètre** (14) ;
- une **lissette** pour arrondir les bords de cuir (15).

★ Les autres fournitures

Vous aurez également besoin de :

- coupons de tissu de coton imprimé ;
- toile thermocollante type Vlieseline H250 ;
- passepoils ;
- rubans, fils, aiguilles, fermetures à glissière, etc.
- petits fermoirs boutons de col (1), demi-anneaux, mousquetons, chaînes de sac en métal (2), entre-deux en métal (3), boucles de ceinture et passants en métal (4), œillets, rivets, boutons magnétiques, etc.

★ Le cuir

1

2

La matière première de toutes les créations ! On trouve des peaux entières (1), des plaques de toutes les dimensions, des bandes (pour les ceintures), des lanières (2), mais aussi des lacets ronds ou plats. Choisissez du cuir de 0,7 à 1,5 mm d'épaisseur et, pour certaines anses, du cuir de 2,5 à 3 mm d'épaisseur.

LES TYPES DE CUIR

1. On nomme **Fleur** la face externe du cuir, débarrassée des poils donc parfaitement lisse. C'est la partie la plus dense du cuir. Le terme **Pleine fleur** signifie que le cuir a conservé toute l'épaisseur de sa fleur d'origine (de son épaisseur d'origine) et qu'elle ne contient pas de défauts. Au fil des modèles, on parlera également de l'endroit du cuir.

On parle de **Fleur corrigée** quand la fleur a subi un léger parage. Cette opération permet de supprimer les défauts superficiels ; cela la rend plus fragile et moins épaisse.

Notez que le **Nubuck** est un cuir gratté, réalisé à partir d'un cuir pleine fleur ou de fleur corrigée.

2. L'autre face, brute et rugueuse, est le côté **Chair**, plus couramment appelée **Croûte de cuir**. Elle est le plus souvent enduite de vernis ou de polyuréthane pour simuler le côté fleur. Au fil des modèles, on parlera également de l'envers du cuir.

Notez que le **Cuir suédé** est un cuir souple, travaillé et fini sur le côté chair et non sur le côté fleur.

LES DIFFÉRENTES ORIGINES DU CUIR

- Le cuir de mouton est le moins cher. De faible épaisseur, il convient à la réalisation de pochettes et petits sacs. C'est le cuir de la plus faible qualité sur le marché.
- Le cuir de chèvre est un cuir de bonne qualité possédant un grain léger.
- Le daim est un cuir particulièrement beau, utilisé pour les vêtements, gants et chaussures.
- Le cuir de vache ou vachette est un cuir épais possédant une fleur unie et brillante ; il est très utilisé en maroquinerie.
- Le cuir de veau est un cuir d'excellente qualité, mais assez coûteux.
- Le cuir de porc est un très beau cuir possédant une teinte claire ; il est souvent utilisé en reliure pour sa finesse.
- Les cuirs de crocodile, serpent, lézard, autruche et requin sont des cuirs appelés aussi cuirs exotiques ; ils sont appréciés pour leur qualité et leur raffinement.

LES DIFFÉRENTES PARTIES DU CUIR

Il n'existe pas de droit-fil dans une pièce de cuir, mais une peau n'a pas la même souplesse, la même élasticité et la même épaisseur suivant la partie de l'animal dont elle provient :

- **le collet** ; il s'agit des épaules, un endroit où il y a beaucoup de plis et qui donne un cuir de moins bonne qualité avec, justement, beaucoup de plis. Cet aspect peut cependant être intéressant pour certaines créations ;
- **le flanc** ; il s'agit du ventre de l'animal, partie où le grain du cuir est gros et rugueux. Peu solide, ce cuir est cependant très extensible et élastique. Il est idéal pour le moulage à l'eau de formes telles que des petites fleurs ;
- **le reintier** ; il s'agit du dos, la meilleure partie de la peau où le cuir est le plus serré et le plus imperméable. Le prêtant est ici pratiquement inexistant. Ce cuir est à réserver aux belles pièces comme les sacs et pochettes ;
- **la culée** est à l'opposé du collet ; il s'agit de la fin du reintier côté queue. Ce cuir reste une bonne partie, surtout chez les animaux de petite taille (chèvre, mouton, vachette).

Il est nécessaire de déterminer le sens du prêtant du cuir avant toute utilisation. Le prêtant désigne le sens dans lequel la peau va s'étirer et se déformer le plus. Pour le trouver et l'évaluer, prenez la peau entre vos mains et tirez dessus. S'il s'agit d'un flanc, la déformation sera nettement plus visible que pour les parties provenant du collet ou du reintier.

Conseils *Si vous devez utiliser du cuir pour des anses de sac ou une ceinture, il est préférable de tailler des lanières dans une partie moins élastique comme le dos.*

Le cuir se trouve dans des magasins spécialisés et quelques sites de vente en ligne proposent un large choix de couleurs et de variétés.

Les TECHNIQUES DE BASE

On compte trois étapes systématiques lors de la réalisation d'un modèle :

- le report du patron sur le cuir ;
- la coupe des pièces de cuir ;
- l'assemblage des différentes pièces par une couture.

★ Reporter un patron

1. Reportez sur un papier cartonné tous les gabarits nécessaires à la réalisation du modèle, ainsi que les pièces rectangulaires ou carrées grâce aux dimensions données. N'oubliez pas de reporter tous les repères !

2. Découpez les formes à l'aide d'une paire de ciseaux ou d'un cutter.

3. Disposez tous les gabarits du modèle sur l'endroit du cuir en suivant les emplacements du plan de coupe.

Conseil *Si vous disposez d'une grande pièce de cuir, pensez à optimiser la disposition des différentes parties à découper pour éviter un maximum les pertes.*

4. Une fois cette disposition validée, tracez les contours des gabarits à l'aide d'un crayon Argent. Si vous utilisez un crayon standard, faites vos tracés sur l'envers des pièces de cuir pour ne pas avoir de marques visibles.

Une fois les tracés faits, vous pouvez passer à la découpe.

Attention ! *Les gabarits que vous téléchargerez sont à taille réelle ; une marge de couture de 1 cm est incluse. Vous pouvez tracer cette marge sur l'envers des pièces de cuir au crayon Argent, ou au stylo, pour une couture précise et régulière.*

★ Couper le cuir

Coupez le cuir sur un tapis de découpe avec un cutter à lame droite (pour les coupes droites), une lame circulaire (pour les courbes) ou, si le cuir n'est pas trop épais, avec une paire de ciseaux (pour les courbes et les détails). La coupe devra toujours être nette et sans bavure.

Les coupes droites au cutter doivent se faire en un seul passage. Pour cela, maintenez fermement le réglet en métal sur la pièce de cuir et appuyez fortement avec votre cutter.

Coupez toujours les pièces de cuir selon le tracé du gabarit ou selon les mesures données dans les explications quand il n'y a pas de gabarits ou de plan de coupe.

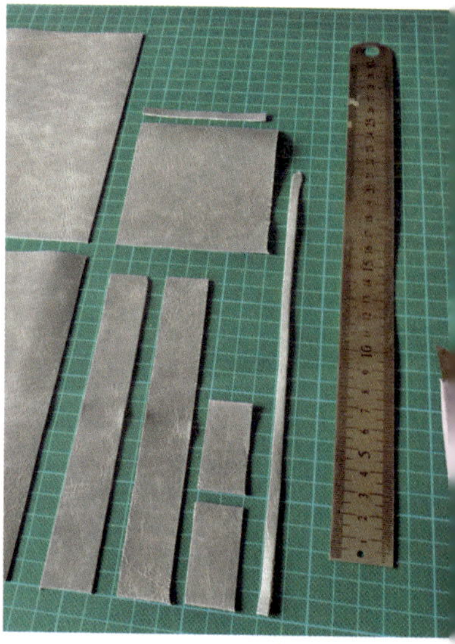

★ Coudre le cuir

Il est tout à fait possible de coudre le cuir avec une machine à coudre ordinaire ; pour cela, suivez les conseils suivants :

- choisissez des cuirs ni trop rigides, ni trop épais. Pour vérifier l'épaisseur d'une peau, utilisez un vernier posé sur un pied à coulisse. L'épaisseur idéale d'un cuir doit être comprise entre 0,6 et 1,5 mm ;

Le vernier, outil pour mesurer l'épaisseur du cuir.

- équipez votre machine d'un pied-de-biche en Téflon et d'une aiguille en acier trempé spéciale pour le cuir n° 80 à 100. Notez que l'aiguille spéciale cuir coupe le cuir avant de le coudre ;
- sélectionnez l'option « double entraînement » de votre machine pour faciliter le travail ;
- si le cuir est épais, commencez et terminez les coutures en actionnant à la main le volant de la machine à coudre afin d'éviter toute marque sur le cuir. Si vous piquez plusieurs épaisseurs près du bord, mettez votre pied-de-biche à la même hauteur grâce à l'outil multiusage ;

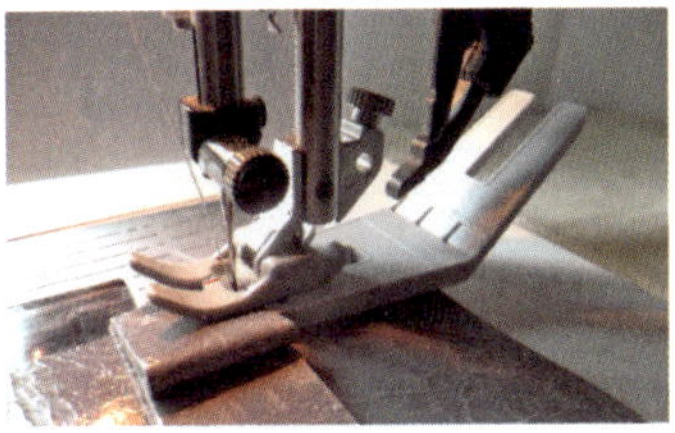

- piquez toujours lentement. Si la machine peine encore, vous pouvez intercaler une feuille de papier de soie entre le cuir et la machine. Ce papier s'enlèvera sans difficulté une fois la couture terminée ;
- évitez d'avoir un point de couture trop serré. Programmez votre machine sur une longueur moyenne de point de 3,5. Contrairement au tissu, il est inutile de surfiler le cuir au point zigzag ;
- pour permettre à vos pièces de cuir de rester bien en place lors de la couture, vous pouvez coller certaines parties (préférez la colle pour textile à la colle pour cuir : la fixation est plus rapide) ou simplement les maintenir avec des petites pinces de bureau. Quand vous encollez des pièces de cuir, faites votre couture avant que la colle ne soit sèche, car en séchant complètement, la colle devient rigide et peut créer des défauts et une irrégularité des points de couture. De plus, le fil pourrait se casser lors de la couture.

★ Coudre les tissus

Voici quelques conseils pour coudre les tissus présents dans les modèles :

- n'oubliez pas de changer d'aiguille. En effet, l'aiguille pour cuir couperait votre tissu ;
- les doublures des sacs devant être légèrement plus petites que le sac en cuir de 1 à 2 mm, il faudra augmenter la marge de couture de la pièce en tissu de 1 à 2 mm vers l'intérieur du tissu ;
- si vous assemblez la doublure intérieure du sac et le corps du sac en cuir avec une couture sur l'endroit laissant apparente la tranche du cuir (c'est-à-dire sans que la pièce de cuir ne soit repliée vers l'intérieur), il faut positionner le tissu entre 0,3 et 0,5 mm du bord du cuir en rabattant un ourlet de doublure vers l'intérieur du sac. Ainsi, vous obtiendrez une finition parfaite.
- comme pour le cuir, renforcez votre couture en marquant les points de début et d'arrêt de couture, particulièrement au niveau des ouvertures et de tous les endroits soumis à de fortes pressions. Si votre machine à coudre ne propose pas cette option, quelques points arrière et avant au début et à la fin de la couture feront l'affaire ;
- l'entoilage de certaines pièces de tissu sera parfois nécessaire pour le renforcer. Utilisez une toile thermocollante Vlieseline H250. La fixation se fera à chaud, à l'aide d'un fer à repasser, sur l'envers du tissu. Veillez à ne pas trop monter la température. Reportez-vous à la notice d'utilisation.

★ Réaliser les finitions

1. Après l'assemblage et la couture des différentes pièces, coupez le surplus de tissu ou de cuir à 0,5 cm des coutures pour éviter les surépaisseurs. Utilisez une paire de ciseaux pour les coutures droites, et pour les coutures en lignes courbes, crantez sur toute la longueur.

2. Retournez l'ouvrage sur l'endroit, et poussez le cuir dans les angles avec un petit réglet en métal pour bien les former.

Vous obtiendrez ainsi toujours des bords et des angles réguliers.

Conseils *Avant de commencer votre modèle, lisez bien toutes les explications. Étudiez avec soin la liste de matériel ainsi que le plan de coupe afin de choisir le bon cuir et d'être certain de disposer d'une assez grande pièce.*

Les marges de couture sont de 1 cm pour le cuir et le tissu mais les surpiqûres pourront se faire à 0,3 ou 0,5 cm du bord.

Attention ! *Le cuir ne supportant pas de hautes températures, évitez de le repasser !*

CONFECTIONNER *un* POMPON EN CUIR

Matériel

- **1 rectangle en cuir de 8 x 9 cm**
- **1 patte en cuir de 6 x 0,3 cm**
- **1 lien en cuir de 24 cm**
- **Réglet en métal**
- **Cutter**
- **Tube de colle textile**

VIDÉO *Explication de la confection d'un pompon en cuir en vidéo.*

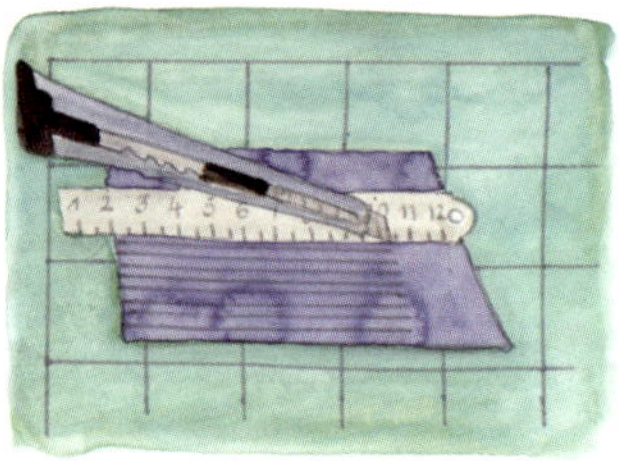

1. À l'aide du cutter et du réglet en métal, créez sur la hauteur de votre rectangle en cuir des franges de 0,3 cm de large. Veillez à faire vos entailles à 2,5 cm du bord supérieur. Les dimensions des franges seront donc de 0,3 x 6,5 cm.

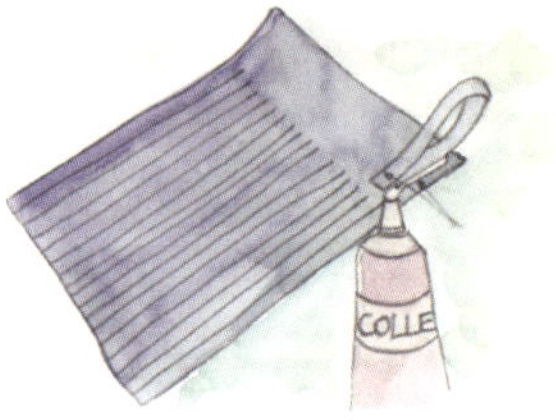

2. Collez sur le bord supérieur droit du rectangle en cuir, côté croûte, la petite patte en la pliant sur elle-même de façon à former une boucle.

3. Appliquez de la colle au-dessus des franges, sur toute la largeur, puis enroulez la pièce de cuir en la serrant le plus possible.

4. Passez le lien dans la boucle de la petite patte en cuir puis accrochez votre pompon à votre sac ou sur la tirette d'une fermeture à glissière en faisant un nœud.

Variante

Vous pouvez jouer avec les couleurs et les tissus en collant un tissu à motifs renforcé d'une toile thermocollante au dos du cuir. Cela donnera au pompon un côté plus fantaisie.

RÉALISER *une* POCHE ZIPPÉE

Matériel

- **1 fermeture à glissière adaptée aux dimensions de votre sac ou pochette**
- **Tube de colle pour textile**
- **Paire de ciseaux**
- **Cutter**
- **Réglet en métal**

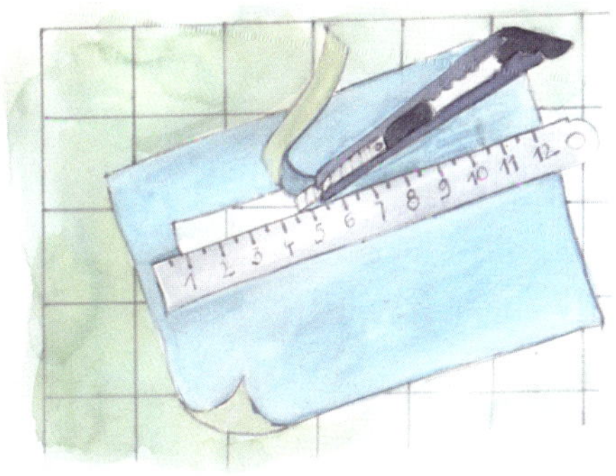

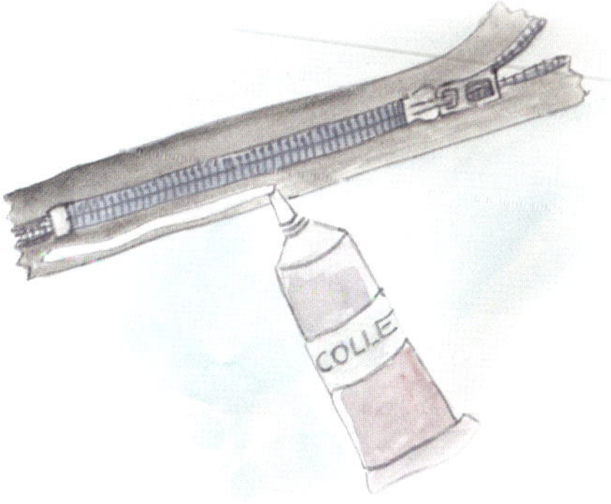

1. À l'aide du cutter et du réglet en métal, faites une entaille sur la pièce de cuir de votre sac ou pochette. Cette entaille doit être adaptée aux dimensions de votre fermeture à glissière : elle doit mesurer 1 cm de plus que la longueur de la fermeture (+ 0,5 cm de chaque côté) et avoir une hauteur de 1 cm maximum (à adapter à la largeur de la fermeture). Pensez toujours à bien centrer cette fente sur le cuir.

2. Déposez un filet de colle sur les deux longueurs de la fermeture à glissière, présentée à l'endroit et fermée.

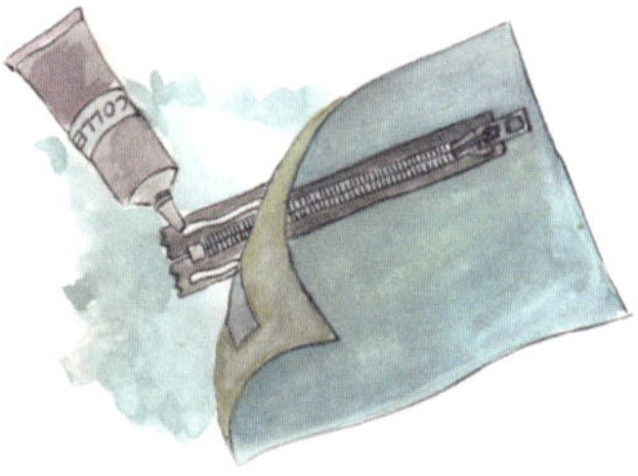

3. Placez l'envers de la pièce de cuir entaillée sur cette fermeture à glissière encollée. Veillez à ce que la fermeture à glissière se place bien dans l'ouverture. Appuyez quelques minutes pour que la fermeture adhère bien au cuir.

4. Retournez la pièce de cuir pour avoir l'envers (côté croûte) face à vous. Déposez un filet de colle sur la partie inférieure de la fermeture. Appliquez l'endroit du tissu de doublure dessus, en alignant soigneusement le bord de chaque pièce. Appuyez pour que le tissu adhère bien à la fermeture.

5. Retournez l'ensemble et faites une couture au point droit, sur l'endroit du cuir, sur la partie inférieure de l'ouverture, en marquant les points de début et d'arrêt de couture. Attention, avant de coudre, veillez à bien tirer votre tissu de doublure vers la partie supérieure de la pièce de cuir. Prenez bien le cuir et le tissu de doublure dans la couture.

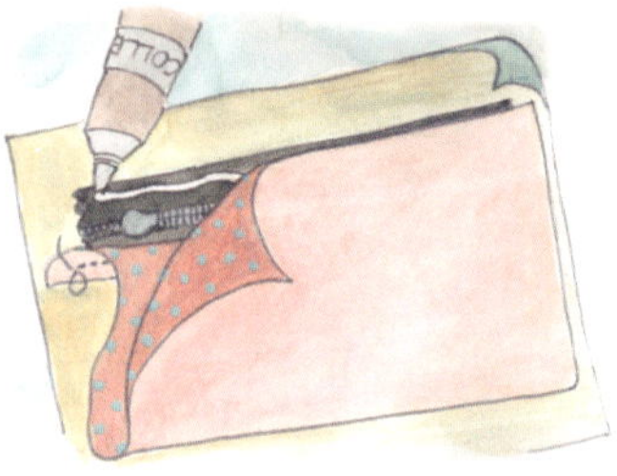

6. Placez ensuite la pièce de cuir, côté croûte face à vous, et encollez la partie supérieure de la fermeture à glissière. Ramenez l'endroit du bord encore libre du tissu de doublure sur la partie supérieure de la fermeture venant d'être encollée. Appuyez pour faire adhérer le tissu à la fermeture à glissière.

7. Retournez l'ensemble, côté cuir face à vous, et faites une couture au point droit sur les trois côtés restants en marquant les points de début et d'arrêt de couture. Prenez bien le cuir et le tissu de doublure dans la couture.

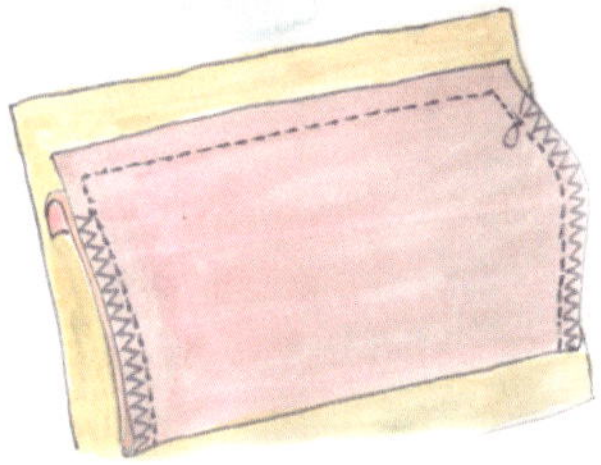

8. Piquez enfin au point droit les deux côtés de la poche en tissu, puis surfilez au point zigzag.

Votre poche est terminée !

FAIRE *une* TRESSE

Matériel

1 petite pièce de cuir
Cutter
Réglet en métal

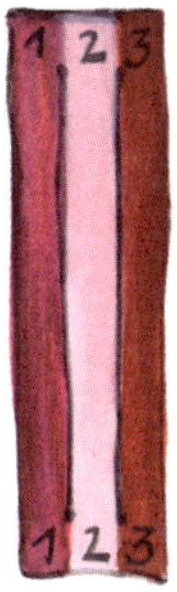

1. À l'aide du cutter et du réglet en métal, découpez une lanière de cuir de la dimension voulue.

2. Réalisez deux fentes sur la longueur de la pièce de cuir en laissant 1 à 2 cm non entaillés sur les parties supérieure et inférieure de la lanière.

3. Commencez le tressage : rabattez le brin 3 sur le brin 2. Puis rabattez le brin 1 sur le brin 3.

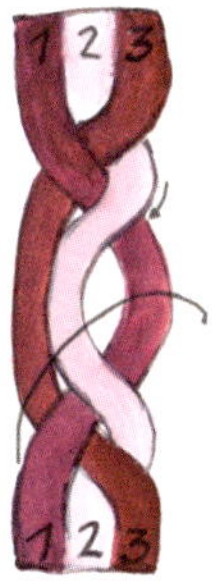

4. Rabattez le brin 2 sur le brin 1.

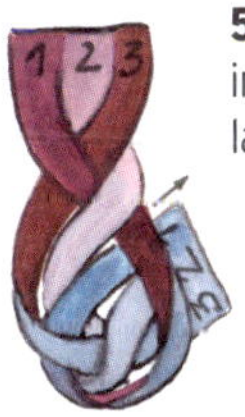

5. Faites passer la partie inférieure de la tresse dans la boucle formée

6. Tirez sur la tresse afin de la remettre à plat. La tresse est alors emmêlée, ne vous inquiétez pas.

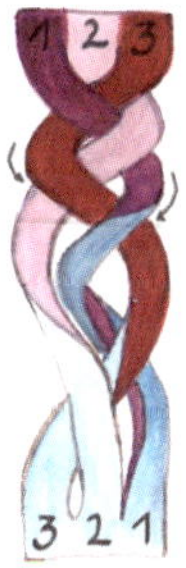

7. Rabattez le brin 3 sur le brin 2 puis rabattez le brin 1 sur le brin 3.

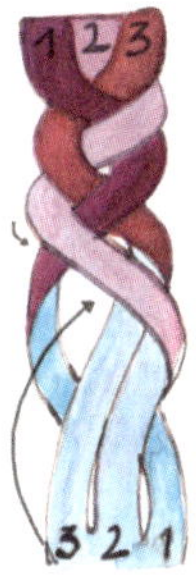

8. Rabattez le brin 2 sur le brin 1.

9. Faites passer la partie inférieure de la tresse dans la boucle formée.

10. Tirez sur la tresse afin de la remettre à plat.
La tresse est démêlée.

• MINI-POCHETTE SAUTOIR •

Une toute petite pochette à porter en sautoir, très raffinée avec son passepoil doré. Sa doublure en coton imprimé et ses breloques lui donnent l'allure d'un vrai petit bijou. Sa petite dimension vous permettra d'y ranger juste l'essentiel. Carte bancaire, clés ou petits secrets seront à l'abri dans cette petite pochette à porter autour du cou grâce à sa chaîne en métal.

NIVEAU DE DIFFICULTÉ : ★ - DIMENSIONS 10 X 8 CM

★ Matériel

- Pièce de cuir de vachette pleine fleur de 13 x 25 cm et de 0,7 à 0,9 mm d'épaisseur Lazy gray V2 (Ma petite mercerie)
- 13 x 21 cm de coton imprimé Remix ovales grey (Robert Kaufman - Ma petite mercerie)
- 13 x 20 cm de toile thermocollante de type Vlieseline H250
- 32 cm de passepoil or pâle
- 1 bouton de col en métal Ø 0,6 cm
- 1 chaîne en métal de 80 cm
- 2 petits mousquetons en métal de 1 x 0,6 cm
- 2 anneaux en métal Ø 1 cm
- Breloques, perles et anneaux de montage
- Tube de colle textile
- Emporte-pièce n° 0,4
- Emporte-pièce n° 0,3
- Emporte-pièce au choix d'environ Ø 2 cm
- Cutter
- Paire de ciseaux
- Réglet en métal
- Crayon Argent
- Crayon pour tissu
- Petites pinces de bureau
- Maillet
- Plaque d'Ertalon
- Pince à bijoux

PLAN DE COUPE DU CUIR

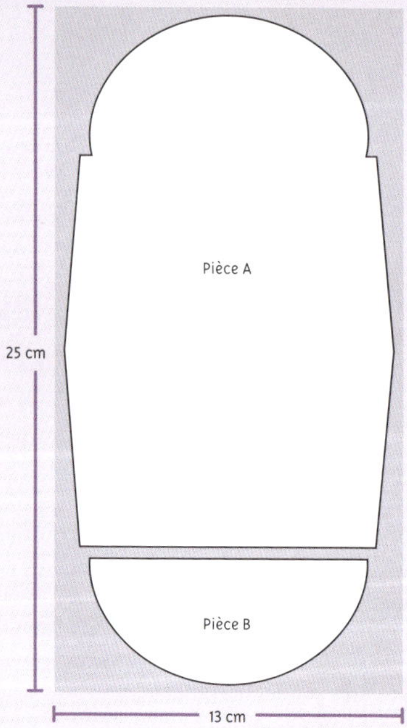

Découpe des pièces

Pour télécharger les gabarits de ce modèle

http://bit.ly/1mZE4wH

1. Reportez les gabarits de la mini-pochette sur du papier cartonné (voir *Reporter un patron* p. 8).

2. Posez les gabarits découpés sur la pièce de cuir, côté endroit, en suivant la disposition du plan de coupe ci-contre. Tracez à l'aide d'un crayon Argent les contours. Marquez l'emplacement du bouton de col et des différents trous à percer (a).

3. Découpez les différentes pièces, au cutter pour les lignes droites, en maintenant fermement le réglet en métal sur la pièce de cuir pour une coupe nette. Découpez ensuite les parties courbes avec les ciseaux (voir *Couper le cuir* p. 8).

4. Posez le gabarit de la pièce A sur le morceau de toile thermocollante, côté non encollé, et tracez le contour à l'aide d'un crayon pour tissu (b).

a

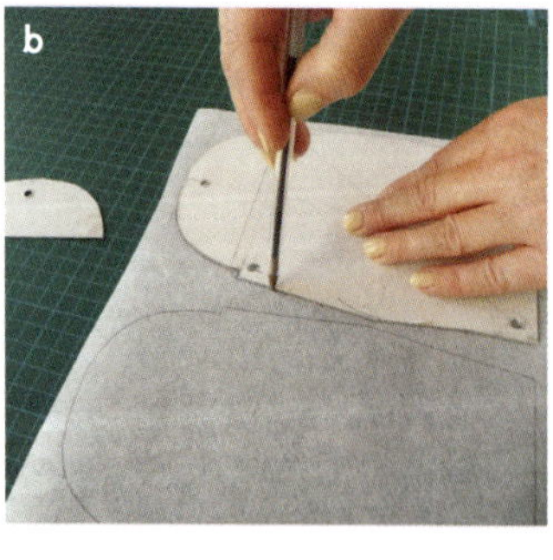
b

>>

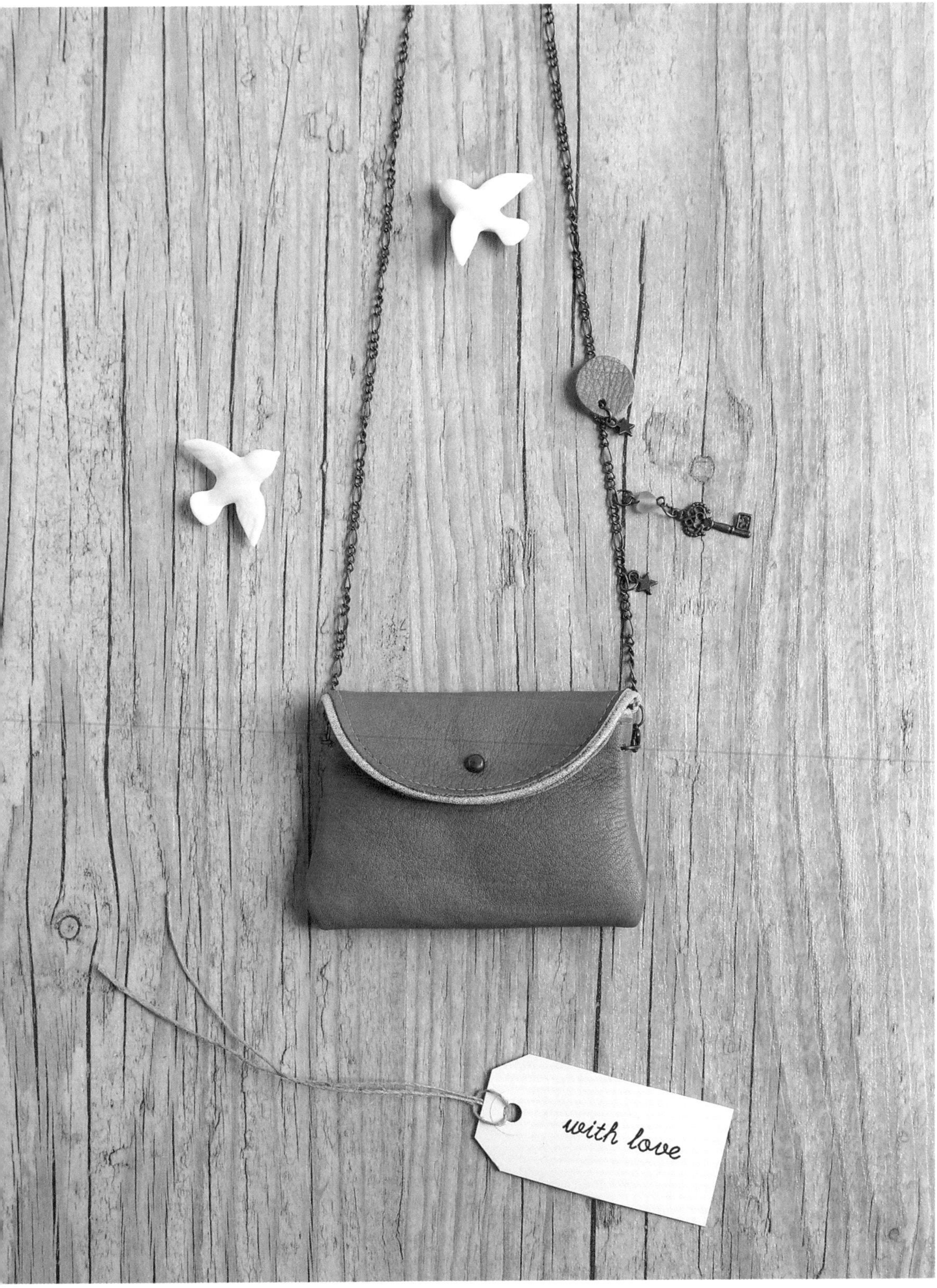
with love

>>

Découpez à l'aide de ciseaux. Si votre toile thermocollante n'est pas assez épaisse, vous pouvez doubler l'entoilage en découpant une seconde pièce. Vous avez deux pièces de cuir (partie A pour le corps de la pochette et partie B pour le rabat), une pièce de toile thermocollante (partie A) et une pièce de tissu de 13 x 21 cm pour la doublure.

Assemblage

5. Faites chauffer votre fer à repasser à la température maximale supportée par votre tissu de doublure. Placez ce dernier côté envers face à vous, puis placez la toile thermocollante côté colle (face brillante) contre le tissu. Repassez les pièces afin que la toile adhère parfaitement au coton. Il est conseillé d'appliquer le fer six à huit secondes pour que la colle fonde et fasse son action.

6. À l'aide d'une paire de ciseaux, découpez cette pièce de coton entoilée en ajoutant 1 cm sur le bas du corps de la pochette (c).

7. Placez la pièce de cuir du corps de la pochette (pièce A) côté croûte face à vous, le rabat vers le haut, et déposez un filet de colle sur le pourtour de l'arrondi du rabat. Collez-y 18 cm de passepoil en le laissant dépasser de 1 cm au début et à la fin de l'arrondi du rabat. Appuyez pour qu'il adhère bien au cuir (d).

8. Encollez toute la surface du rabat sans oublier le pourtour du passepoil. Déposez ensuite la pièce de tissu entoilée, endroit face à vous, en alignant bien les bords.

9. Déposez ensuite un filet de colle sur le pourtour arrondi (rabat), toujours côté tissu, puis collez la pièce de cuir B, endroit face à vous, en alignant soigneusement les bords (e). Pressez quelques instants pour que la pièce de cuir adhère bien au tissu.

10. Retournez sur l'endroit du cuir et faites une couture sur la partie arrondie à 0,5 cm du bord (f).

11. Disposez la pièce côté tissu face à vous, puis soulevez la partie du tissu non collé. Déposez un filet de colle le long du bord inférieur de la pièce, sur le côté croûte (g).

12. Collez 14 cm de passepoil en le repliant de 1 cm de chaque côté vers l'intérieur de la pochette.

13. Encollez toute la surface restante du corps de la pochette (côté croûte) (h).

c

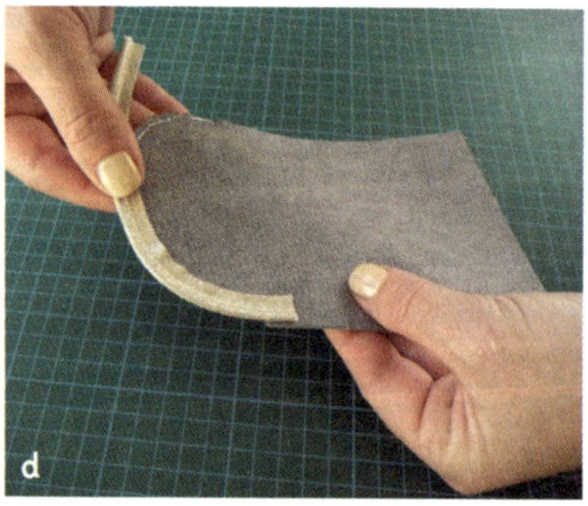
d

e

f

g

h

14. Rabattez le tissu entoilé en repliant le centimètre supplémentaire vers l'intérieur. Appuyez fortement pour que le tissu adhère bien au cuir (i). Retournez la pièce sur l'endroit et faites une couture au point droit, avec point de début et d'arrêt, à 0,5 cm du bord où se trouve le second passepoil.

15. Percez, à l'aide de l'emporte-pièce n° 0,3 et du maillet, un trou pour permettre le passage de la vis du bouton de col sur la partie inférieure du corps de la pochette en suivant le gabarit (j).

16. Placez l'ensemble côté cuir face à vous, le rabat vers le haut et pliez en deux la partie inférieure du corps de la pochette en alignant soigneusement les bords (k). Maintenez avec les petites pinces et réalisez une couture au point droit sur les deux côtés, en marquant le point de début et d'arrêt pour une couture plus solide. Surfilez ensuite au point zigzag.

17. Percez, à l'aide de l'emporte-pièce n° 0,3 et du maillet, les petits trous pour la fixation de la chaîne en métal selon les repères sur le gabarit. Percez ensuite le trou pour le passage du bouton de col, sur le rabat de la pochette, avec l'emporte-pièce n° 0,4. Retournez l'ensemble en reformant bien les angles avec le réglet en métal.

18. Avec l'emporte-pièce de votre choix, découpez deux pastilles dans les chutes du cuir restant. Collez une des pastilles à l'intérieur de la pochette, sur le tissu de doublure, à l'emplacement du trou prévu pour le passage de la vis (l).

19. Percez cette dernière épaisseur à l'aide de l'emporte-pièce n° 0,3 en plaçant une plaque de coupe à l'intérieur de la pochette afin de ne pas perforer l'ensemble. Fixez le bouton de col.

20. Ouvrez les anneaux avec la pince à bijoux et faites-les passer dans les trous de chaque côté de la pochette (m). Refermez-les.

21. Fixez la chaîne aux anneaux avec les mousquetons (n). Vous aurez auparavant agrémenté votre chaîne de quelques breloques et perles ainsi que de la deuxième pastille de cuir dans laquelle vous aurez percé un petit trou pour y passer un anneau de montage.

Votre mini-pochette est terminée, n'hésitez pas à la porter comme un vrai bijou !

i

j

k

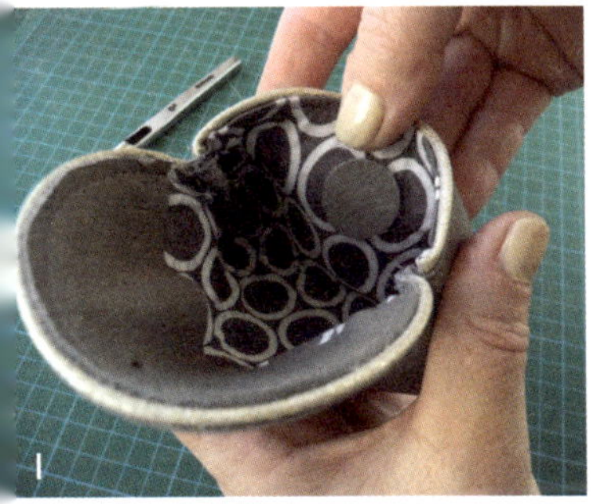
l

m

n

il va ve - nir cependant
cependant il va ve - nir!
Oui
avec force.
je le dois
dant il va ve - nir
ce-pendant cepen- il va ve-nir!
tremb.

• NŒUD PAPILLON •

Un petit bijou en cuir tout simple à réaliser, en seulement quelques étapes, et pourtant tellement chic ! Mettez à profit toutes vos jolies chutes de cuir et multipliez les nœuds papillon de toutes les couleurs pour agrémenter vos tenues.

NIVEAU DE DIFFICULTÉ : ★ – DIMENSIONS 7 X 6 CM

★ Matériel

- Pièce de cuir de chèvre de 15 x 6 cm et d'environ 1 mm d'épaisseur
- Petites pinces de bureau
- 1 boucle de ceinture avec une patte de métal centrale de 2 cm sans ardillon
- 1 chaîne avec un fermoir de 45 cm
- Tube de colle textile
- Crayon Argent
- Cutter
- Réglet en métal

Découpe des pièces

1. Découpez un rectangle de cuir de 15 x 6 cm avec un cutter ; maintenez fermement le réglet pour une coupe nette.

2. Déposez un filet de colle sur l'une des largeurs de la pièce de cuir, côté croûte.

3. Ramenez le bord opposé sur le filet de colle de façon à former un anneau. Laissez sécher la colle quelques instants (a).

4. Aplatissez la pièce de cuir en plaçant le raccord des deux bords au centre en dessous, et maintenez avec les petites pinces.

Dessinez à l'aide d'un crayon Argent et du réglet une forme de nœud papillon en laissant au centre 2,5 cm de hauteur (b).

5. Découpez la forme avec un cutter (c).

Assemblage

6. Passez le nœud en cuir dans la boucle en métal de façon à ce que la patte centrale soit placée à l'arrière du nœud (d) et la boucle ornée à l'avant (e).

7. Retournez le nœud et passez la chaîne dans le passant en métal (f).

8. Ajustez la chaîne de chaque côté du nœud puis fermez-la.

Votre tour de cou Nœud papillon est terminé !

a

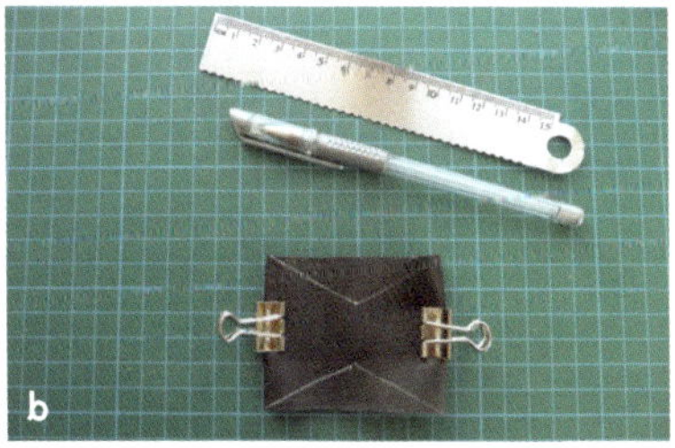
b

c

d

e

f

• SAC MOON •

Le sac parfait pour vos soirées dansantes avec une anse en bandoulière pour soulager les épaules et être ainsi totalement libre de tournoyer jusqu'au bout de la nuit ! Un sac élégant qui brille, pour illuminer une tenue sobre et faire des envieuses.

NIVEAU DE DIFFICULTÉ : ★★ - DIMENSIONS 25 X 18 CM

★ Matériel

- Pièce de cuir de chèvre métallisé or de 40 x 40 cm et de 1 mm d'épaisseur Chèvre métallisé bg-60 (Cuir en stock)
- 55 x 50 cm de coton imprimé Tokyo violet (Cousette)
- 1 fermeture à glissière de 25 cm
- 1 fermeture à glissière de 15 cm
- 1 chaîne de sac à maillons fins de 150 cm couleur bronze
- 2 anneaux en métal Ø 1 cm couleur bronze
- 2 mousquetons en métal couleur bronze de 3 x 1 cm
- 2 passants de 2,5 cm couleur bronze
- 2 œillets avec rondelles Ø 0,4 cm couleur bronze, avec kit de pose
- Tube de colle textile
- Crayon Argent
- Stylo
- Emporte-pièce n° 0,4
- Maillet
- Plaque d'Ertalon
- Petites pinces de bureau
- Paire de ciseaux
- Cutter
- Réglet en métal
- Pince à bijoux

PLAN DE COUPE DU CUIR

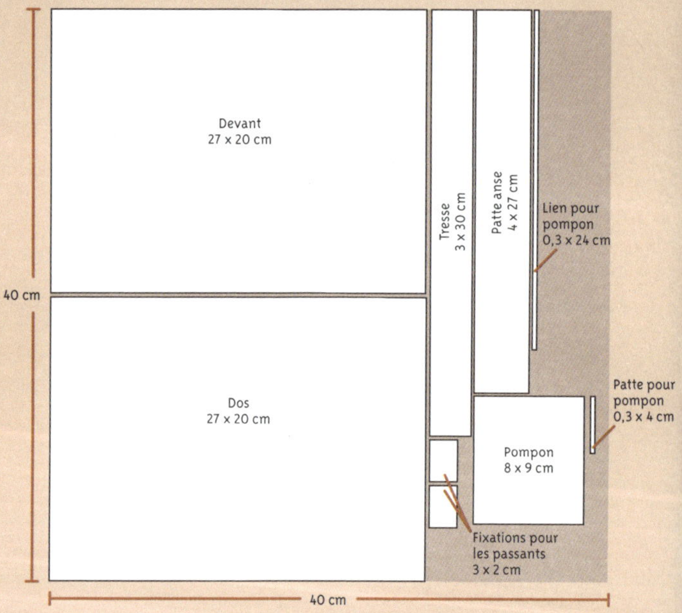

Découpe des pièces

1. À l'aide d'un réglet en métal, tracez avec un crayon Argent les différentes pièces sur l'endroit du cuir en suivant le plan de coupe ci-dessus (voir *Les techniques de base* p. 8).

2. Découpez-les au cutter en maintenant fermement le réglet en métal sur la pièce de cuir pour une coupe nette.

3. Découpez à l'aide d'une paire de ciseaux les pièces de tissu pour la doublure de la pochette et la poche intérieure au dos du sac :

- deux rectangles de 27 x 21,5 cm pour la doublure intérieure ;
- un rectangle de 20 x 30 cm pour la poche du dos.

»

a

b

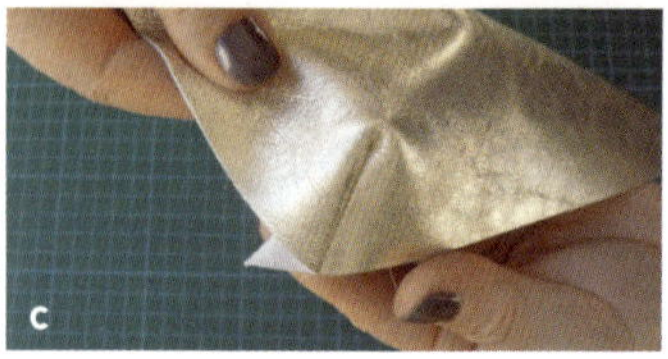
c

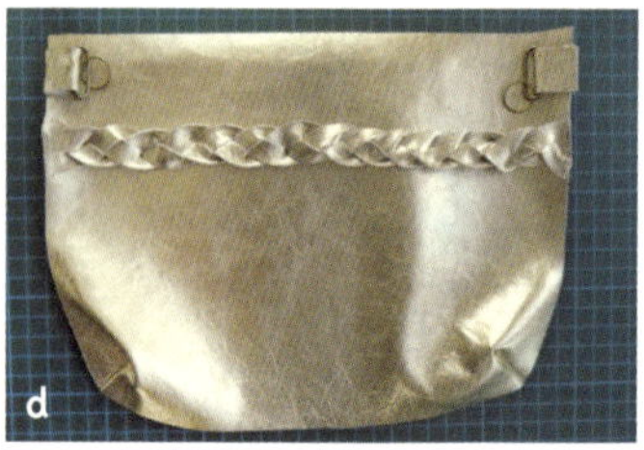
d

e

f

»

Le devant et le dos

4. À l'aide d'un stylo, tracez les repères des futurs soufflets de votre sac sur une des longueurs du devant et du dos, côté croûte. Pour cela, tracez une ligne en diagonale sur un des coins de la pièce de cuir. Tracez ensuite deux autres lignes, à 2 cm d'intervalle de la diagonale, à partir de l'angle et en les faisant se rejoindre sur le haut de la première ligne, de façon à former un triangle (a). Recommencez l'opération de l'autre côté et sur la deuxième pièce de cuir.

5. Pliez la pièce de cuir sur la ligne du milieu (b) et faites une couture au point droit.

6. En retournant la pièce côté cuir, vous obtenez un soufflet (c). Recommencez l'opération de l'autre côté et sur la seconde pièce de cuir ainsi que sur les deux pièces de doublure du corps du sac.

La tresse et les pattes de fixation

7. Réalisez une tresse (voir *Faire une tresse* p. 13) avec la pièce de cuir de 30 x 3 cm. Elle viendra orner le devant du sac.

8. Placez cette tresse à 5 cm du bord supérieur sur le devant du sac. Faites une couture au point droit, à 0, 5 cm de chaque extrémité pour la fixer.

9. Pliez en deux chaque patte de fixation en cuir pour les passants et posez-les à 1 cm du bord supérieur, passants vers l'intérieur, à chaque extrémité. Les pattes ne doivent pas dépasser de la pièce du devant. Faites une couture à 0, 5 cm du bord en marquant un point de début et d'arrêt de couture (d).

Les fermetures

10. Faites une entaille avec un cutter de 16 x 0,7 cm, à 4 cm du bord supérieur de la pièce de cuir du dos. Veillez à centrer cette entaille. Réalisez la poche zippée en suivant les instructions *Réaliser une poche zippée* p. 11.

11. Posez ensuite la fermeture à glissière centrale de 25 cm. Déposez un filet de colle, côté endroit, sur l'une de ses longueurs. Placez ensuite la pièce de cuir du devant, côté endroit face à vous, sur la fermeture encollée. Veillez à ce que les extrémités de la fermeture se trouvent vers l'intérieur du sac. Appuyez pour que le cuir adhère bien à la fermeture.

12. Retournez l'ensemble et appliquez un filet de colle sur l'envers de cette même longueur de la fermeture. Déposez un premier rectangle de doublure, côté envers, en alignant bien les bords (comme pour la poche zippée, voir p. 11).

13. Retournez et faites une couture au point droit, côté cuir, en commençant et en arrêtant la couture à 1 cm des bords (e).

14. Retournez à nouveau l'ensemble et faites la même chose pour la seconde pièce de cuir et de doublure (f).

15. Vous obtenez une couture de chaque côté de la fermeture à glissière. Les quatre éléments sont fixés deux à deux, et séparés par la fermeture.

Assemblage

16. Ouvrez à moitié la fermeture à glissière (pour ne pas être gêné par l'épaisseur de la tirette) et disposez les deux pièces de cuir endroit contre endroit, et les deux pièces de tissu endroit contre endroit également. Fixez-les avec les petites pinces pour que l'ensemble reste bien en place lors de la couture (g).

17. Faites une piqûre, à 1 cm du bord, au point droit sur le pourtour des parties en cuir et en tissu. Laissez une ouverture de quelques centimètres sur un des côtés de la doublure en tissu. Surfilez toute la partie en tissu. Ouvrez totalement la fermeture (h).

18. Faites passer l'ensemble du sac par l'ouverture laissée dans le tissu afin de retrouver l'endroit du sac en laissant la doublure à l'extérieur. Repoussez le cuir dans les angles pour bien les former à l'aide du réglet. Faites ensuite une couture au point droit, pour fermer l'ouverture en repliant le tissu vers l'intérieur (i). Marquez un point de début et d'arrêt de couture.

19. Rentrez la doublure à l'intérieur du sac (j) et fermez la fermeture à glissière.

L'anse

20. Badigeonnez de colle l'anse, côté croûte, et pliez-la en trois parties égales dans sa largeur (k).

21. Faites une couture au point droit sur toute la longueur en prenant bien toutes les épaisseurs du cuir, et en marquant le point de début et d'arrêt de couture.

22. Avec l'emporte-pièce n° 0,4 et le maillet, percez un trou à chaque extrémité de l'anse (l).

23. Fixez un œillet à chaque extrémité à l'aide du kit de pose et du maillet. Faites la même chose de l'autre côté.

24. Scindez la chaîne en deux parties égales de 75 cm en ouvrant un des maillons à l'aide de la pince à bijoux. Fixez un anneau de 1 cm de diamètre sur le maillon central de la première chaîne. Passez ensuite cet anneau, toujours ouvert, dans l'œillet de l'anse en cuir (m). Refermez l'anneau, la chaîne est fixée à l'anse. Faites la même chose de l'autre côté de l'anse avec la seconde chaîne.

25. Attachez les deux extrémités de la chaîne à deux mousquetons en ouvrant les maillons à l'aide d'une pince à bijoux. Faites la même chose de l'autre côté de l'anse.

26. Décorez la chaîne en métal avec des ronds de cuir découpés avec des emporte-pièce ou avec des ciseaux dans des chutes de cuir. Percez des trous sur le bord et fixez-les avec des anneaux de montage en métal. Ajoutez-y quelques breloques.

27. Réalisez un pompon (voir *Confectionner un pompon en cuir* p. 10) et fixez-le à la tirette par le lien coupé dans le cuir (n).

C'est terminé, vous pouvez sortir avec votre sac !

VIDÉO **Explications de la confection d'un pompon en vidéo.**

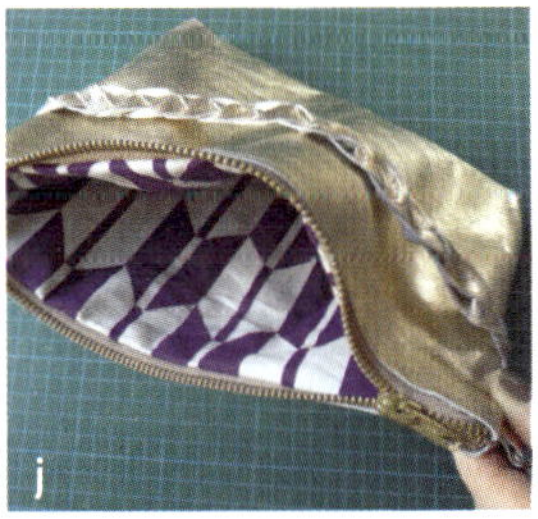

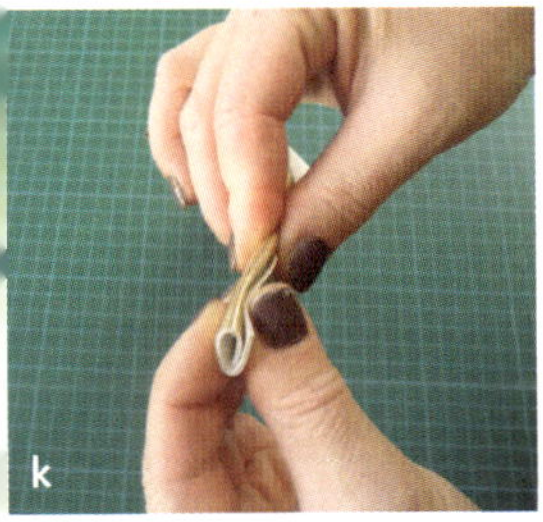

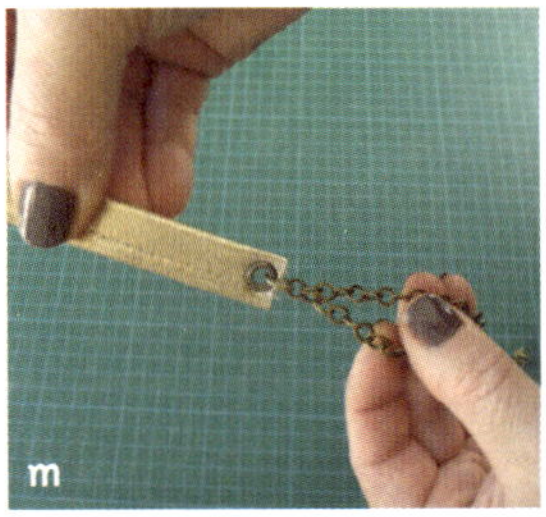

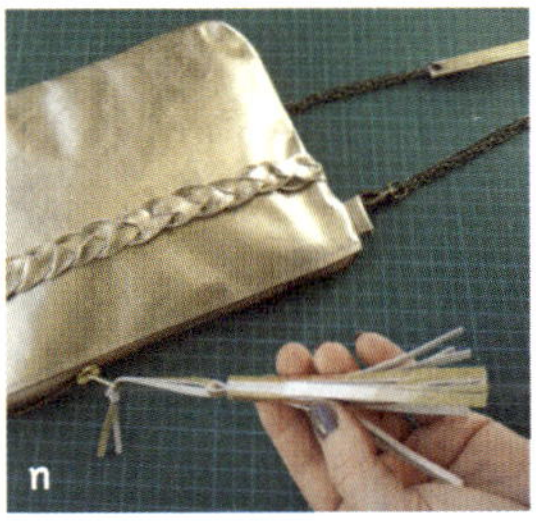

hello

• CITY BAG •

Un très grand sac façon « shopper bag » pour emporter tout ce que vous souhaitez ! Il est conçu pour toutes celles qui ne peuvent pas s'empêcher de transporter leur maison dans leur sac ou qui ne résistent pas à un shopping d'enfer. Un sac qui reste au top de la tendance avec son galon à paillettes sur le devant.

NIVEAU DE DIFFICULTÉ : ★★ - DIMENSIONS 51 X 48 CM (hors anses)

PLAN DE COUPE DU CUIR

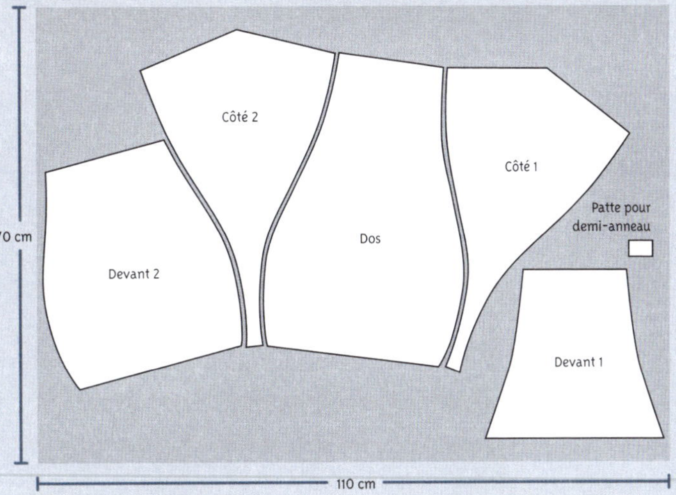

★ Matériel

- Pièce de cuir de veau velours de 110 x 70 cm et de 1,2 mm d'épaisseur Velours gris bg-414 (Cuir en stock)
- 110 x 90 cm de tissu en coton Remix ovales grey (Robert Kaufman - Ma petite mercerie)
- 1 fermeture à glissière de 15 cm
- 75 x 2 cm de galon à paillettes
- 1 lanière en cuir de vache (couleur au choix) de 1,5 x 110 cm et de 0,25 cm d'épaisseur
- 8 rivets en métal Ø 0,7 cm
- 1 fermoir bouton-pression aimanté en métal Ø 0,17 cm
- 1 demi-anneau de 2,5 cm
- Tube de colle pour textile
- Petites pinces de bureau
- Emporte-pièce n° 3
- Emporte-pièce n° 0,3
- Paire de ciseaux
- Plaque d'Ertalon
- Lissette
- Crayon Argent
- Cutter
- Réglet en métal

Conseil ***Pour une bonne tenue de votre sac, choisissez un cuir assez rigide mais pas trop épais (entre 1 et 1,5 mm). Si vous ne disposez pas d'une pièce de cuir assez grande, vous pouvez travailler avec deux pièces de cuir de couleurs différentes sur lesquelles vous répartirez l'ensemble des parties du sac.***

Découpe des pièces

Pour télécharger les gabarits de ce modèle

http://bit.ly/1mZE4wH

1. Reportez et découpez les gabarits (voir *Les techniques de base* p. 8). Coupez les pièces du modèle dans votre cuir en suivant le plan de coupe ci-dessus :

- deux pièces pour le devant (Devant 1 et Devant 2) ;
- deux pièces pour les côtés ;
- une pièce pour le dos ;
- une patte pour le demi-anneau de 4 x 2,5 cm.

2. Reportez et découpez les gabarits de la doublure du sac. Positionnez-les sur l'envers du tissu, puis découpez-les à l'aide d'une paire de ciseaux :

- deux pièces pour la doublure du sac (voir gabarit) ;
- une pièce pour la doublure de la poche du devant (voir gabarit) ;
- un rectangle de 19 x 28 cm pour la poche au dos du sac.

»

>>

Le devant et la poche zippée

3. Placez la pièce en cuir Devant 2 côté croûte face à vous. Déposez un filet de colle sur la partie supérieure, et collez le tissu de la doublure, côté motif face à vous, en repliant vers l'intérieur 1 cm sur la partie supérieure de la doublure (a).

4. Retournez côté cuir face à vous, et faites une couture au point droit avec un point de début et d'arrêt de couture sur le côté supérieur de la poche (b).

5. Placez l'ensemble ainsi cousu côté envers face à vous (côté croûte et tissu). Posez dessus la pièce en cuir Devant 1, côté croûte face à vous, de sorte que la doublure dépasse de la pièce en cuir Devant 1 de 1 cm sur les côtés et le bas (c). Faites une couture au point droit, en marquant le point de début et d'arrêt de couture, à 0,5 cm du bord inférieur. Veillez à ne piquer que le tissu et la pièce en cuir Devant 1.

La pièce Devant 2, la doublure et la pièce Devant 1 sont assemblées les unes à la suite des autres.

6. Retournez cet ensemble sur l'endroit du cuir et ajustez la pièce en cuir Devant 1 selon les repères d'emplacement. Rentrez la doublure dépassant vers l'intérieur en la pliant de 1 cm. Maintenez l'ensemble avec les pinces de bureau (d).

7. Faites une couture à 1 cm du bord supérieur de la poche sur les deux longueurs au point droit, en marquant le point de début et d'arrêt de couture. Ainsi, la poche du devant du sac et les deux pièces de cuir du devant sont assemblées (e).

8. Réalisez ensuite la poche zippée au dos du sac (voir *Réaliser une poche zippée* p. 11). À l'aide d'un réglet en métal et d'un cutter, découpez une fente de 16 cm de long pour le passage de la fermeture à glissière, à 11 cm du bord supérieur de la pièce en cuir du dos.

Assemblage

9. Prenez un des deux côtés et posez-le côté cuir face à vous. Déposez un filet de colle sur une des deux longueurs (f) puis collez la pièce du devant dessus de façon qu'elle recouvre le côté de 1 cm sur toute la longueur. Appuyez quelques instants pour que les deux pièces de cuir soient fixées.

10. Faites une couture au point droit le long de ces parties collées, en vous arrêtant juste avant la poche (g). Marquez le point d'arrêt de couture. Reprenez la couture 1 cm après, en marquant le point de début de couture. Continuez jusqu'au bout en marquant le point d'arrêt de couture.

11. Coupez le galon à paillettes en deux et placez le premier morceau le long de cette couture en repliant l'extrémité supérieure du ruban de 1 cm vers l'intérieur de la poche. Faites ensuite une couture au point droit sur toute la longueur, de chaque côté du ruban et sur les 2 cm de la partie supérieure (h).

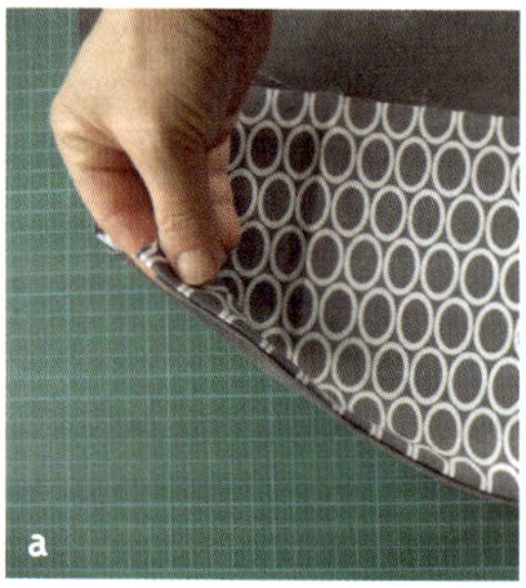
a

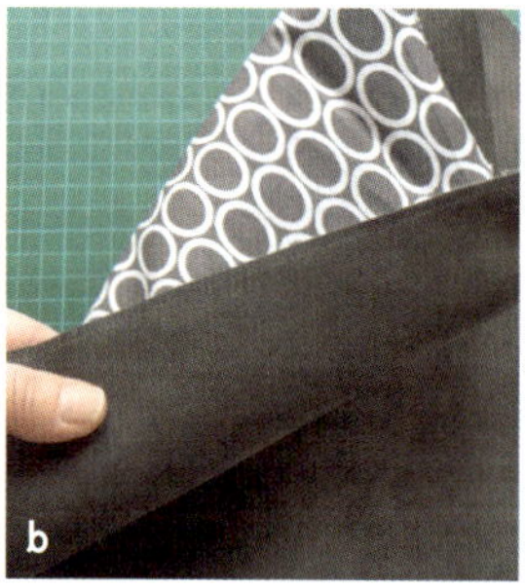
b

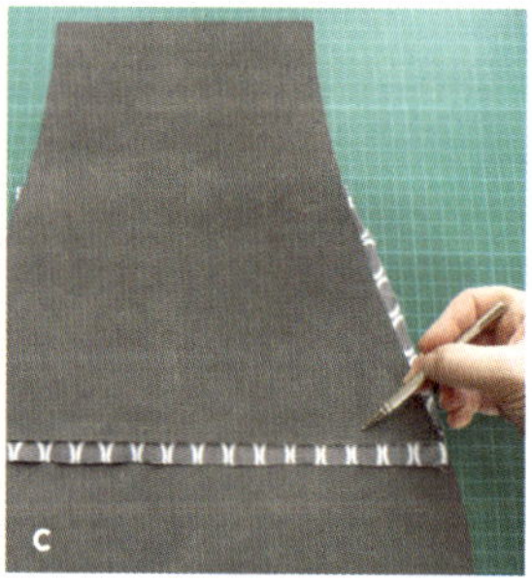
c

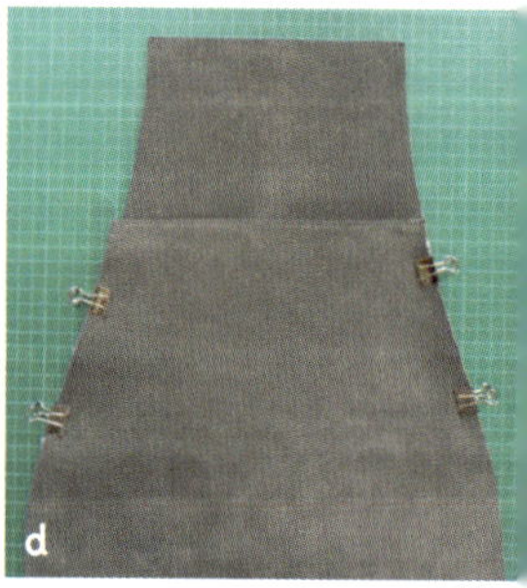
d

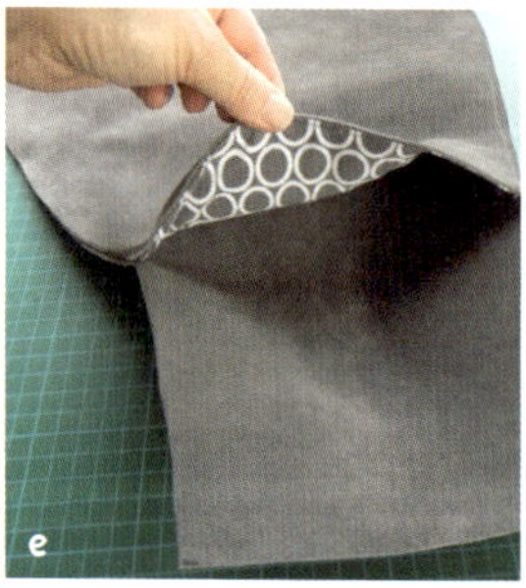
e

f

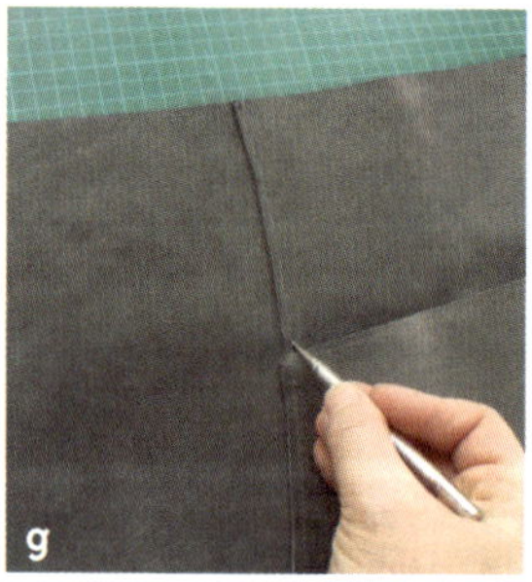
g

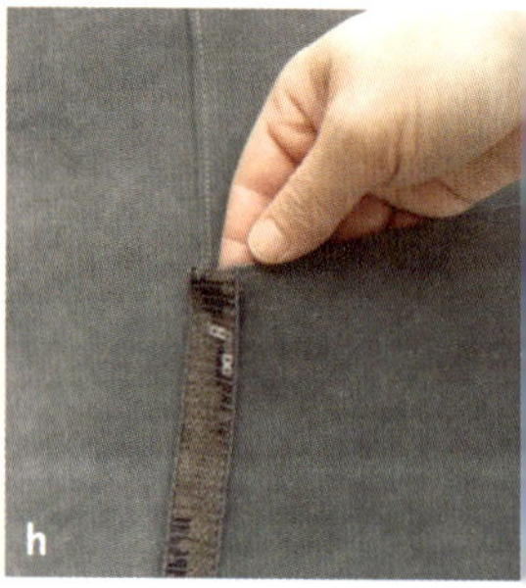
h

12. Procédez à l'identique de l'autre côté afin d'assembler le second côté au devant.

13. Placez l'ensemble bien à plat côté croûte face à vous. Rabattez les deux côtés sur le dessus en les pliant en deux sur la longueur. On aperçoit ainsi l'endroit du cuir. Déposez un filet de colle le long d'un des côtés (côté endroit) et posez dessus la pièce en cuir du dos du sac (côté cuir face à vous) de sorte qu'elle recouvre la partie encollée de 1 cm. Réalisez une couture au point droit tout le long, en marquant le point de début et d'arrêt de couture.

14. Recommencez l'opération de l'autre côté. Les quatre côtés du sac sont ainsi assemblés. (i).

15. Retournez le sac sur l'envers (côté croûte) et faites une couture sur la partie inférieure pour fermer le fond du sac (j).

16. Prenez un des coins du fond du sac et aplatissez les deux parties de façon à former un angle droit. Faites une couture à 4 cm du coin sur toute la largeur (k). Coupez la pointe à l'aide de la paire de ciseaux. Recommencez l'opération de l'autre côté, on obtient ainsi un fond de sac plat.

17. Retournez votre sac sur l'endroit et vérifiez votre couture (l).

La doublure et le bouton-pression

18. Pliez la patte de 4 x 2,5 cm en deux puis passez-y le demi-anneau. Fixez la patte sur un des côtés de la doublure, selon les repères, à 0,5 cm du bord ; faites une couture au point droit en marquant le point de début et d'arrêt de couture (m).

19. Assemblez les deux pièces de la doublure endroit contre endroit, et faites une couture au point droit sur les trois côtés. Surfilez au point zigzag.

20. Réalisez un fond de doublure plat de la même façon que pour le fond de sac réalisé en cuir, mais surfilez cette fois les coutures au point zigzag (n).

21. Placez la doublure dans le sac en cuir (côté croûte du cuir contre envers du tissu de doublure). Avec le réglet en métal, poussez le tissu dans les angles afin que la doublure soit bien mise. Réalisez une couture au point droit, en marquant le point de début et d'arrêt de couture sur la partie centrale des deux côtés du sac, soit les pièces Devant et Dos (o).

Conseil ***Notez que lors de l'assemblage des doublures du sac, quand il y a une couture sur l'endroit de l'ouverture du sac, il faut décaler le tissu du bord de 0,3 à 0,5 mm pour obtenir une finition parfaite en rabattant l'ourlet de doublure vers l'intérieur du sac.***

22. Découpez avec un emporte-pièce et le maillet quatre ronds en cuir de 3 cm de diamètre dans les chutes de cuir (p).

»

i

j

k

l

m

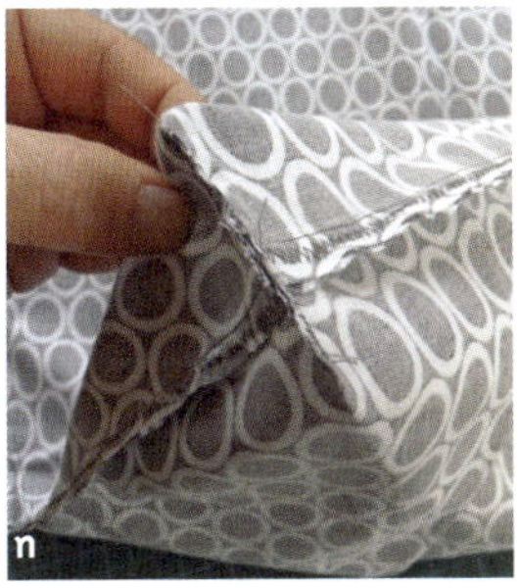
n

o

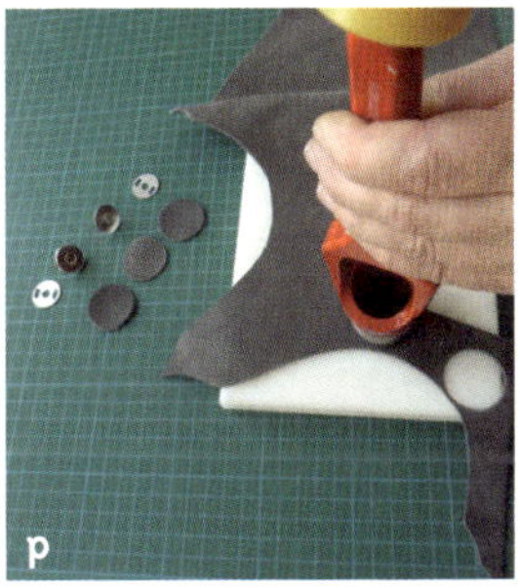
p

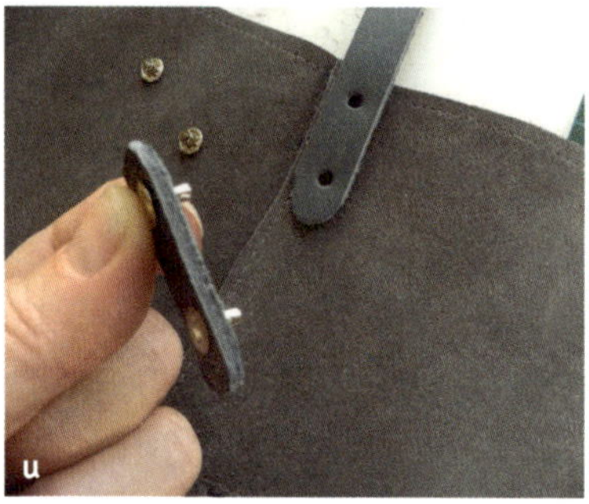

>>

23. Fixez les éléments du bouton-pression aimanté selon les repères. Pour renforcer le tissu à cet endroit, collez deux ronds en cuir, entre le tissu et les pièces de métal du bouton du dessus et du dessous. Placez la première partie du bouton sur un des côtés en coupant avec le cutter deux petites fentes tracées à l'aide de la petite pièce de métal ronde du bouton, afin de faire passer les pattes de métal (q). Afin de ne pas couper l'ensemble du sac, placez une plaque d'Ertalon à l'intérieur de la doublure, entre le tissu et le cuir. Il faut donc inciser dans les deux ronds en cuir et le tissu de doublure.

24. Placez la petite pièce de métal ronde sur l'envers et repliez les pattes de métal (r).

VIDÉO

Explications de la pose des rivets en vidéo.

25. Recommencez l'opération sur le dos avec l'autre partie du bouton aimanté. Repliez le tissu vers l'intérieur, sur la partie supérieure du sac, en le maintenant avec les petites pinces de bureau (s). Il y a donc un rond en cuir entre l'endroit du tissu et la première partie du bouton et un à l'intérieur de la doublure, entre l'envers du tissu et la seconde partie du bouton, ceci sur chaque côté du sac.

26. Faites une couture côté cuir au point droit sur les côtés non cousus (bord supérieur), en marquant le point de début et d'arrêt de couture. La doublure est ainsi fixée au sac.

Les anses

27. Coupez dans la lanière en cuir deux morceaux de 47 cm de long puis quatre petits morceaux de 4 cm de long. Arrondissez les bouts avec des ciseaux puis adoucissez les bords à l'aide de la lissette.

28. À l'aide de l'emporte-pièce n° 0,3 et du maillet, percez deux trous selon les repères, sur chacune des quatre petites pattes, et deux trous sur les extrémités de chaque anse (t).

29. Placez les anses selon les repères sur le sac, côté cuir. Elles serviront de guide pour percer les trous à l'aide de l'emporte-pièce n° 0,3. Veillez à placer la plaque d'Ertalon à l'intérieur du sac afin de ne pas perforer l'ensemble.

30. Enfoncez deux dessous de rivets dans les trous d'une petite patte en cuir (u).

31. Placez ensuite cette patte en cuir à l'intérieur du sac en faisant sortir les rivets par les trous percés. Placez l'anse en cuir dessus.

32. Fixez les dessus des rivets à l'aide du maillet (v). Recommencez l'opération pour les trois autres pattes.

Votre « city bag » est terminé, vous êtes parée pour une virée shopping !

• ÉTUI À LUNETTES •

Fini de perdre du temps en cherchant votre paire de lunettes cachée au fond du sac ou perdue à la maison. Cet étui, très chic à porter autour du cou avec son trio de cuirs argentés, deviendra l'accessoire indispensable pour les coquettes qui n'osent pas toujours porter leur paire de lunettes au quotidien sur le bout du nez.

NIVEAU DE DIFFICULTÉ : ★★ - DIMENSIONS 18 X 8 CM

★ Matériel

Deux pièces de cuir de chèvre de deux couleurs différentes de 7 x 19 cm et de 0,7 à 0,9 mm d'épaisseur

Pièce de cuir de chèvre d'une troisième couleur de 14 x 10,5 cm et de 0,7 à 0,9 mm d'épaisseur

19,5 x 21 cm de tissu en coton Remix ovales grey (Robert Kaufman - Ma petite mercerie)

35 cm de cordon en coton Ø 3 mm

1 fermoir pour porte-monnaie en métal de 8 x 4 cm (hauteur totale de 5 cm) avec anneaux intégrés

1 chaîne en métal de 75 cm

Tube de colle pour textile

Petites pinces de bureau

Crayon Argent

Cutter

Paire de ciseaux

Réglet en métal

Lissette

Alêne

Petite pince à bijoux

Découpe des pièces

1. Découpez les pièces du modèle dans les différentes cuirs (voir *Les techniques de base* p. 8) en suivant le plan de coupe ci-dessous :
- la pièce A (x 2) ;
- la pièce B (x 2) ;
- la pièce C (x 2).

2. Découpez deux pièces de coton pour la doublure de 19,5 x 10,5 cm chacune, avec une paire de ciseaux. Utilisez le gabarit de la pièce C pour créer les deux encoches situées en haut (a).

Assemblage

3. Assemblez avec les petites pinces de bureau une pièce A avec une pièce B, endroit contre endroit. Faites ensuite une couture sur la longueur supérieure, au point droit, à 0,5 cm du bord, sur l'envers (côté croûte). Marquez le point de début et d'arrêt de couture (b).

>>

PLAN DE COUPE DU CUIR

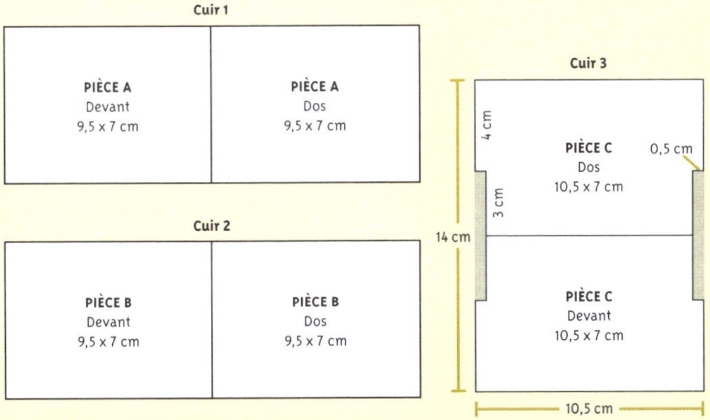

c

d

e

f

g

h

>>

Ajoutez de la même manière à cet ensemble la pièce C ; vous obtenez la première face de l'étui.

4. Faites de même pour réaliser la seconde face de l'étui.

5. Placez les deux faces obtenues, endroit contre endroit, et assemblez-les par une couture au point droit, en marquant le point de début et d'arrêt de couture, sur les trois côtés en laissant l'ouverture libre (c). Veillez à bien aplatir les épaisseurs de cuir le long des coutures avec la lissette.

6. Retournez l'ensemble sur l'endroit en poussant bien dans les angles à l'aide du réglet en métal (d).

7. Assemblez les deux pièces de coton pour la doublure par une couture au point droit, de la même façon que les deux faces en cuir, endroit contre endroit. Surfilez ensuite au point zigzag pour plus de solidité. À l'aide du réglet en métal, placez la doublure à l'intérieur de l'étui en cuir. Ajustez les bords de l'ouverture (e).

8. Faites une couture au point droit sur les trois côtés restant de l'ouverture pour assembler les deux matières, cuir et tissu. Surfilez au point zigzag (f).

9. Ouvrez le fermoir en métal et déposez un filet de colle à l'intérieur d'un des deux rails. Placez un des côtés de l'ouverture de l'étui dans ce rail ; veillez à ce que le cuir se place bien au fond du rail. Glissez ensuite le cordon en coton dans le rail métallique avec une alêne ou une quelconque pointe (g).

10. Serrez délicatement le rail avec la pince à bijoux pour maintenir votre tissu. Placez un petit morceau de tissu épais entre la pince et le fermoir pour ne pas abîmer ce dernier (h).

11. Répétez les opérations 9 et 10 pour fixer à l'étui le second côté du fermoir. Attachez la chaîne aux anneaux de votre fermoir avec la pince à bijoux.

Votre étui à lunettes est terminé, glissez-y votre paire de lunettes et portez-le autour du cou !

Variantes

À partir de ces explications, vous pouvez réaliser un porte-monnaie, une petite trousse à crochet ou tout autre accessoire à glisser dans votre sac ! Pour cela, variez la forme et la taille des gabarits en fonction de la dimension de votre fermoir. Si vous souhaitez une trousse plus volumineuse avec des plis, il faudra augmenter la dimension de la largeur afin d'obtenir des petits plis qui donneront du volume à votre accessoire.

• SAC ROSIE •

Le sac Rosie est vraiment le sac idéal pour les petites ou les grandes cérémonies : mariage, baptême, communion. Réalisé dans un cuir d'agneau très souple avec une couleur douce et tendre, il saura s'adapter à toutes vos tenues et à toutes les situations !

NIVEAU DE DIFFICULTÉ : ★★ - DIMENSIONS 25 X 22 CM

PLAN DE COUPE DU CUIR

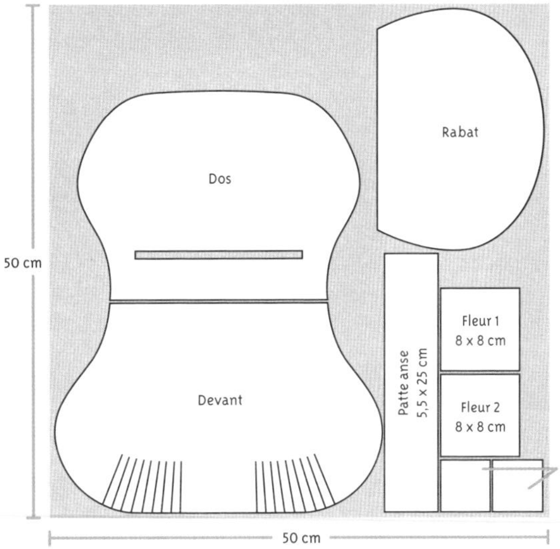

★ **Matériel**

- Pièce de cuir d'agneau bullé ciré beige de 50 x 50 cm et d'1,3 mm d'épaisseur bg-223/ agneau classique (Cuir en stock)
- 50 x 50 cm de tissu en coton
- 1 fermeture à glissière de 15 cm
- 24 x 16 cm de toile thermocollante type Vlieseline H250
- 1 fermoir Turnlock en métal en forme de cœur
- 2 demi-anneaux en métal couleur bronze antique de 2,5 cm
- 2 mousquetons en métal bronze antique de 0,7 x 0,6 cm
- 2 œillets en métal couleur bronze antique avec rondelles Ø 8 mm, avec kit de pose
- 150 cm de chaîne en métal fine à doubler
- Ruban ou lien plat en cuir de 0,5 x 45 cm
- Tube de colle pour textile
- Petites pinces de bureau
- Paire de ciseaux
- Crayon Argent
- Cutter
- Réglet en métal
- Aiguille pour le cuir
- Fil de lin
- Emporte-pièce n° 0,3 et n° 0,8
- Emporte-pièce adapté à la taille du fermoir
- Pince à bijoux
- Maillet
- Petite tournevis adapté à la taille du fermoir
- Plaque d'Ertalon
- Petite éponge
- Ébauchoir en buis ou autre outil en bois arrondi

Découpe des pièces

Pour télécharger les gabarits de ce modèle

http://bit.ly/1mZE4wH

1. Découpez les pièces de cuir en suivant le plan de coupe ci-dessus. Pensez bien à placer les divers repères présents sur les gabarits (voir *Les techniques de base* p. 8) :

- une pièce pour le devant ;
- une pièce pour le dos ;
- une pièce pour le rabat ;
- deux carrés de 5 x 5 cm pour les pattes de fixation des anneaux ;
- un rectangle de 25 x 5,5 cm pour la patte de l'anse ;
- deux carrés en cuir de 8 x 8 cm pour la confection de la petite fleur.

2. Découpez ensuite les pièces de tissu pour la doublure du sac et de la poche intérieure avec la paire de ciseaux :

- deux pièces pour la doublure (gabarit du dos) ;
- une pièce pour la poche intérieure au dos de 19 x 25 cm ;
- une pièce pour la doublure du rabat (gabarit du rabat).

>>

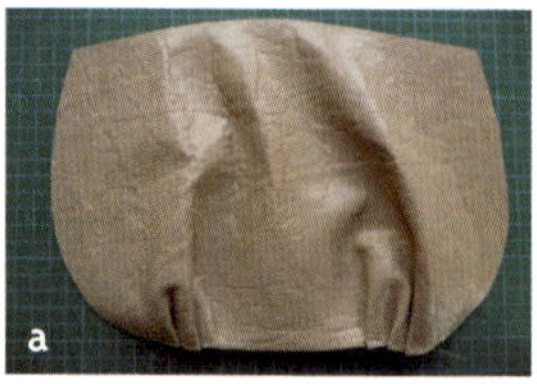
a

b

c

d

e

f

g

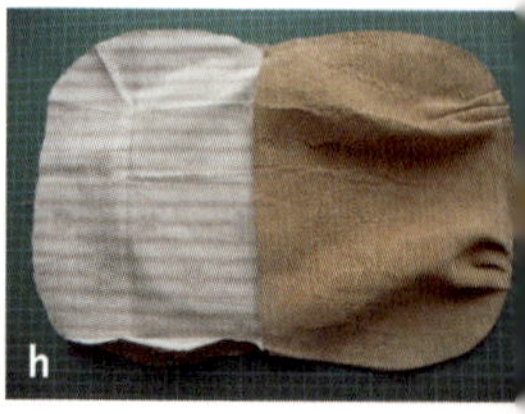
h

Le corps du sac

3. Pliez la pièce en cuir du devant en suivant les repères pour former trois plis de chaque côté du sac. Maintenez avec les petites pinces puis piquez à la machine à coudre, au point droit, sur le bord inférieur du sac, en marquant le point de début et d'arrêt de couture (a).

4. Découpez une fente de 0,7 x 16 cm, à 4 cm du bord supérieur de la pièce en cuir du dos. Confectionnez ensuite la poche avec le tissu de 19 x 25 cm (voir *Réaliser une poche zippée* p. 11)

Le rabat

5. Découpez le gabarit du rabat dans de la toile thermocollante. Posez le côté brillant de la toile sur l'envers du tissu de doublure du rabat et fixez la toile à l'aide de votre fer à repasser (b).

6. Placez la pièce en cuir du rabat sur la pièce de tissu thermocollée, endroit contre endroit. Piquez au point droit tout autour de l'arrondi, en marquant le point de début et d'arrêt de couture. Crantez tout le tour à l'aide d'une paire de ciseaux (c).

7. Retournez l'ensemble en repoussant bien le cuir avec un réglet en métal pour obtenir un arrondi régulier.

Assemblage

8. Placez la pièce en cuir du dos, côté cuir face à vous. Posez le rabat dessus, côté tissu face à vous, en suivant les repères présents sur le gabarit. Maintenez l'ensemble avec les petites pinces (d).

9. Posez dessus le tissu de doublure, envers face à vous, puis faites une couture au point droit à 1 cm du bord supérieur en marquant bien le point de début et d'arrêt de couture (e).

10. Assemblez ensuite la pièce en cuir du devant et la seconde pièce de doublure de la même façon.

11. Déposez un filet de colle, côté croûte, le long de deux bords opposés des pattes de fixation des demi-anneaux. Rabattez chaque côté au milieu de la pièce en cuir, de façon à ce que les bords se touchent. Passez ensuite la patte dans un demi-anneau et pliez-la en deux (f).

12. Cousez les pattes de fixation des demi-anneaux sur la pièce en cuir du dos, en piquant à 0,5 cm du bord, au point droit (g).

13. Assemblez le devant et le dos du sac, cuir contre cuir, en laissant les doublures de côté. Maintenez l'ensemble avec les petites pinces. Piquez au point droit, en marquant le point de début et d'arrêt de couture à 1 cm du bord, sur la partie en cuir (h).

Le fermoir

14. Percez un trou pour le fermoir selon le repère présent sur le gabarit du rabat avec l'emporte-pièce correspondant à la taille du fermoir et le maillet.

15. Fixez à l'aide d'un tournevis le fermoir Turnlock à l'emplacement prévu, de chaque côté du rabat (i).

16. Sortez les deux pièces de la doublure du sac afin de fixer la seconde partie du fermoir selon les repères sur le devant du sac. Coupez deux petites fentes à l'aide du cutter sans oublier de placer une plaque de découpe à l'intérieur du sac pour ne pas couper la seconde pièce en cuir (j).

17. Passez les deux pattes en métal du fermoir à travers les fentes côté cuir et déposez la pièce de métal plate côté croûte. Repliez les deux pattes de métal (k). Découpez un morceau en cuir dans les chutes, badigeonnez-le de colle et déposez-le sur la pièce de métal afin de protéger votre doublure par la suite.

18. Faites une couture au point droit sur l'arrondi de la doublure en laissant une ouverture sur un des côtés (l). Surfilez au point zigzag.

19. Retournez le sac par l'ouverture afin de retrouver l'endroit. Repoussez le cuir avec un réglet en métal afin d'avoir un bel arrondi. Repliez de 1 cm les bords du tissu de l'ouverture vers l'intérieur.

i

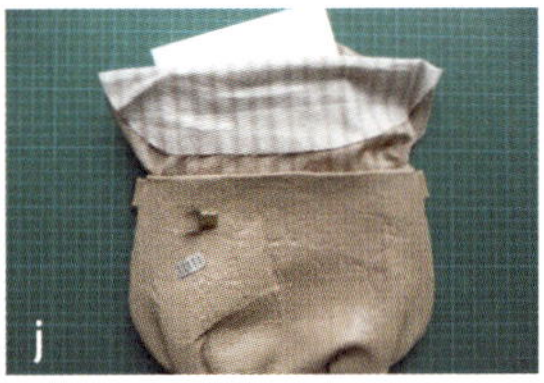
j

k

l

m

n

o

Fermez l'ouverture par une couture le plus près possible du bord, au point droit, en marquant le point de début et d'arrêt de couture. Rentrez la doublure à l'intérieur du sac.

L'anse

20. Badigeonnez de colle la pièce de cuir pour l'anse, côté croûte puis côté cuir, et pliez-la en trois sur toute sa longueur (m). Arrondissez les deux extrémités de la patte avec une paire de ciseaux et faites ensuite une couture au point droit sur tout le tour.

21. Percez un trou à chaque extrémité à l'aide de l'emporte-pièce n° 0,8 et du maillet (n). Fixez les œillets à l'aide du kit de pose joint (o).

22. Scindez la chaîne en métal en deux parties égales (75 cm) en ouvrant deux maillons en son milieu avec la pince à bijoux. Passez la première chaîne en métal dans un œillet de l'anse ainsi que dans l'attache d'un mousqueton. Passez le maillon ouvert de la chaîne dans le maillon de fin opposé et refermez-le à l'aide de la pince à bijoux. Faites de même pour la seconde chaîne.

La fleur

23. Découpez dans les carrés de 8 cm de côté deux formes de fleur, en vous aidant du gabarit.

24. Placez les fleurs côté croûte face à vous, et, à l'aide d'une éponge, humidifiez-les avec de l'eau claire.

25. À l'aide de l'ébauchoir, ou d'un petit outil en bois au bout arrondi, et de vos doigts, modelez la première fleur de façon à donner aux pétales une jolie forme incurvée (p).

26. Travaillez l'autre fleur en pliant les pétales en deux, vers l'intérieur, sur toute leur longueur.

27. Disposez les fleurs l'une sur l'autre (pétales bombés en dessous) puis percez un trou en leur centre à l'aide de l'emporte-pièce n° 0,3 et du maillet (q).

28. Découpez dans les chutes de cuir un petit lien de 0,5 x 6 cm. Badigeonnez son envers de colle et enroulez-le sur lui-même.

29. Fixez-le au centre de la fleur en utilisant une aiguille pour cuir et du fil de lin. Piquez sur l'envers des fleurs, dans le trou percé. Traversez ce « bouton de fleur » et sortez sur l'endroit des fleurs. Repiquez l'aiguille dans le bouton mais sur l'endroit, en décalant le passage du fil et ressortez l'aiguille par le trou, sur l'envers de la fleur (r).

p

q

r

30. Cousez le ruban sous la fleur avec le fil de lin puis faites un joli nœud en passant le ruban dans un maillon de la chaîne pour fixer votre fleur.

Votre adorable sac est terminé !

hello

• POCHETTE COCKTAIL •

Une jolie petite pochette en cuir toute simple avec un entre-deux en métal argenté pour lui donner un petit côté chic lors de vos sorties mondaines. Petit mais assez grand pour y mettre le minimum vital. L'anse en métal vous permettra de porter ce modèle soit à la main, soit à l'épaule pour plus de liberté.

NIVEAU DE DIFFICULTÉ : ★★ - DIMENSIONS 20 X 17 CM

★ Matériel

- Pièce de cuir de chèvre de 35 x 35 cm et de 1 mm d'épaisseur
- 36 x 45 cm de tissu en Lurex Argent
- 1 fermeture à glissière de 20 cm
- 1 fermeture à glissière de 15 cm
- 1 chaîne de sac (environ 65 cm) avec une barre Toggle à chaque extrémité
- 1 entre-deux en métal (formé de trois anneaux) de 8 à 9 cm de long pour fixer deux pattes de cuir sur les côtés
- Petites pinces de bureau
- Tube de colle pour textile
- Paire de ciseaux
- Crayon Argent
- Cutter
- Réglet en métal

PLAN DE COUPE DU CUIR

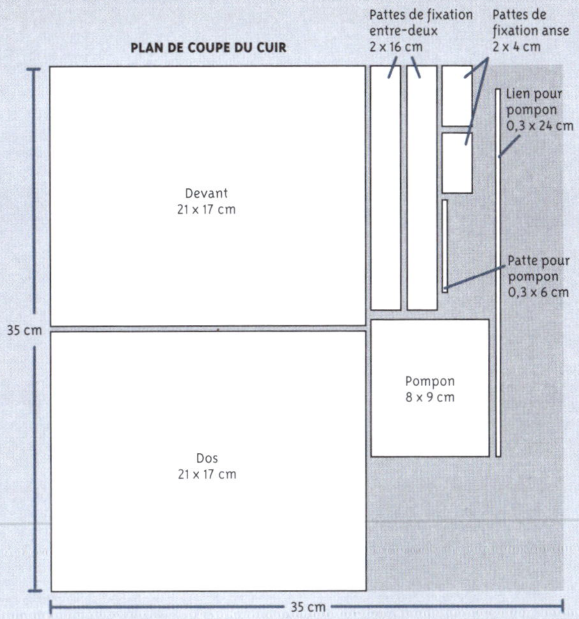

Conseil ***Pour que votre pochette se tienne bien, choisissez un cuir assez rigide.***

Découpe des pièces

1. Découpez les différentes pièces de cuir selon le plan de coupe ci-dessus (voir *Les techniques de base* p. 8) (a) :

- deux rectangles de 21 x 17 cm pour le devant et le dos ;
- deux pattes pour la fixation de l'entre-deux en métal (les dimensions dépendent de celles de ce dernier), ici : 2 x 16 cm ;
- deux petites pattes de 4 x 2 cm pour la fixation de l'anse ;
- un rectangle de 8 x 9 cm et une petite patte de 0,3 x 6 cm pour la confection du pompon ;
- un lien de 0,3 x 24 cm.

a

Conseil ***Il faudra adapter la largeur et la longueur des pattes de fixation aux dimensions de l'entre-deux. Les pattes doivent facilement entrer dans l'entre-deux mais elles ne doivent pas être trop fines pour conserver leur solidité (minimum 1 cm). Gardez à l'esprit qu'on plie la patte en cuir sur elle-même et qu'il faut ajouter 1 cm de chaque côté pour la couture.***

>>

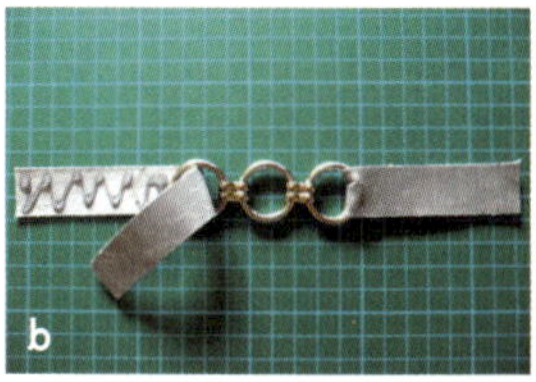

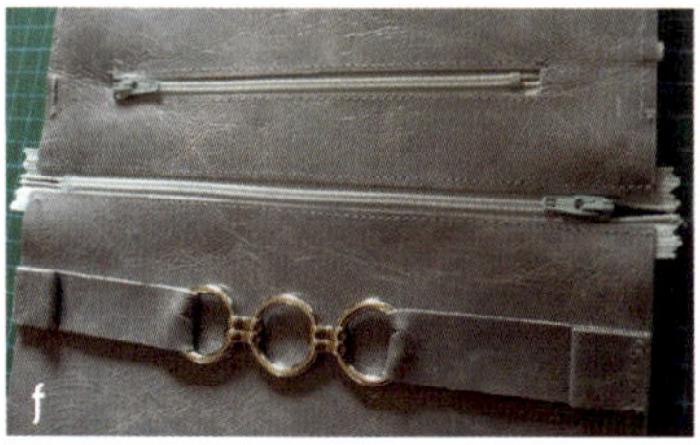

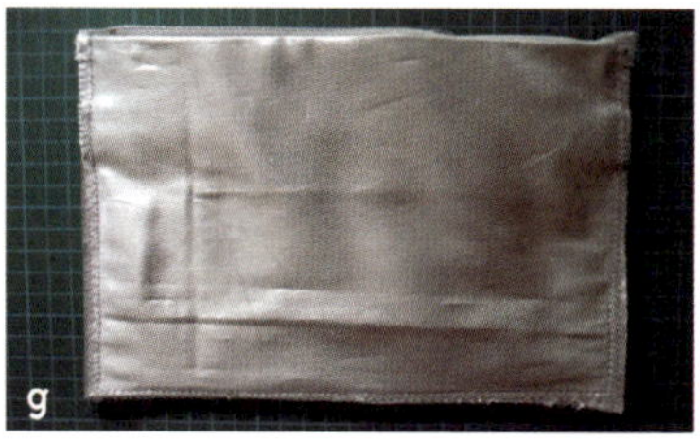

»

2. Découpez avec des ciseaux les pièces pour la doublure de la pochette et la poche intérieure au dos du sac dans le tissu en Lurex :

- deux rectangles de 21 x 18 cm pour la doublure intérieure ;
- un rectangle de 21 x 24 cm pour la poche du dos.

La poche du dos et la chaîne

3. Découpez une fente de 16 x 0,7 cm dans la pièce en cuir du dos, à 3 cm du bord supérieur.

4. Fixez ensuite la fermeture à glissière de 15 cm avec la doublure (voir *Réaliser une poche zippée* p. 11).

5. Passez la première patte de fixation dans l'anneau de l'une des extrémités de l'entre-deux. Encollez la patte en cuir sur l'envers (côté croûte), pliez-la en deux puis pressez pour avoir une bonne adhérence. Procédez de même de l'autre côté (b).

6. Placez l'ensemble sur la pièce du devant de la pochette, à 3 cm du bord supérieur. Placez sur les deux extrémités de l'entre-deux les petites pattes de fixation de la chaîne. Pliez-les en deux puis piquez au point droit les cinq épaisseurs en cuir. Faites de même de l'autre côté.

La fermeture principale

7. Déposez un filet de colle sur les deux longueurs de la fermeture à glissière de 20 cm, côté endroit.

8. Placez les pièces de cuir du devant et du dos (côté endroit face à vous) de part et d'autre de la fermeture. Appuyez fermement (c).

9. Retournez l'ensemble et collez un premier rectangle de la doublure, côté envers face à vous, sur l'envers d'une longueur de la fermeture à glissière en veillant à bien aligner les bords (d).

10. Retournez l'ensemble côté cuir et faites une couture au point droit avec un point de début et d'arrêt de couture le long de la pièce de cuir, à 0,3 cm du bord. Vous devez piquer le cuir, la fermeture et le tissu. Retournez à nouveau l'ensemble, puis rabattez la doublure en alignant soigneusement les bords. Faites de même pour le second rectangle de la doublure (e).

11. Les deux pièces de cuir ainsi que les deux pièces de la doublure sont fixées deux à deux et séparées par la fermeture (f).

12. Ouvrez la grande fermeture à glissière à moitié et placez les deux parties de la pochette endroit du cuir contre endroit du cuir. Fixez l'ensemble avec des petites pinces de bureau.

13. Piquez ensuite au point droit les trois côtés restants puis surfilez (g).

14. Ouvrez complètement la fermeture à glissière et retournez l'ensemble sur l'endroit en ajustant bien les angles avec un réglet en métal.

15. Passez les barres Toggle de la chaîne dans les passants en cuir afin de fixer la chaîne (h).

16. Ajoutez enfin un petit pompon en cuir sur la fermeture principale (voir *Confectionner un pompon en cuir* p. 10).

Conseil ***Pour une finition parfaite, cousez un passepoil sur les bords, à l'intérieur de la pochette.***

Variante

Vous pouvez remplacer la chaîne de sac avec barre Toggle par une chaîne classique avec des mousquetons. Dans ce cas, il vous faudra deux anneaux en demi-lune en plus.

VIDÉO ***Explication de la confection d'un pompon en cuir en vidéo.***

• POCHETTE BLUE MIDNIGHT •

Une belle pochette réalisée avec deux cuirs bleu nuit de texture différente, un grand pompon et un galon pailleté qui mettent en valeur sa forme simple. Elle se porte à la main pour vous accompagner lors de vos soirées au restaurant ou chez vos amis.

NIVEAU DE DIFFICULTÉ : ★★ - DIMENSIONS (pochette non pliée) 30 X 30 CM

★ Matériel

- Deux pièces de cuir de vachette de 32 x 22,5 cm et de 1 mm d'épaisseur Océano (Ma petite mercerie) (cuir 1)
- Pièce de cuir de chèvre bleu marine de 32 x 28 cm et de 1,5 mm d'épaisseur bg-535 (Cuir en stock) (cuir 2)
- 55 x 50 cm de tissu en coton
- 1 fermeture à glissière de 25 cm
- 1 fermeture à glissière de 18 cm
- 65 x 20 cm de galon à paillettes bleu nuit
- Tube de colle pour textile
- Petites pinces de bureau
- Paire de ciseaux
- Crayon Argent
- Cutter
- Réglet en métal

VIDÉO ***Explication de la confection d'un pompon en cuir en vidéo.***

Découpe des pièces

1. Découpez les différentes pièces de cuir (voir *Les techniques de base* p. 8) de la façon suivante :

- Cuir 1 (devant et dos) :
  deux rectangles de 32 x 22 cm et un lien de 0,5 x 22,5 cm pour la tirette de la fermeture à glissière.
- Cuir 2 (fond de la pochette, pattes et pompon) :
  un rectangle de 32 x 18 cm ;
  deux pattes pour la fixation de la fermeture à glissière de 2,5 x 2 cm ;
  un rectangle de 10 x 12 cm pour le pompon ;
  une patte de 0,3 x 7 cm pour l'attache du pompon ;

2. Découpez ensuite avec les ciseaux les pièces de tissu pour la doublure de la pochette :

- deux carrés de 32 x 32 cm pour la doublure intérieure ;
- un rectangle de 21 x 24 cm pour la doublure de la poche du dos.

Assemblage

3. Appliquez un filet de colle sur une longueur de la pièce de cuir du fond de la pochette, sur l'endroit. Posez-y ensuite une des pièces du cuir 1 dessus, 1 cm au-dessus du bord (a).

4. Piquez au point droit sur toute la longueur, côté endroit, en marquant le point de début et d'arrêt de couture (b).

5. Coupez le galon à paillettes en deux. Placez la première partie du galon à cheval sur les deux pièces de cuir, sur toute la longueur. Cousez au point droit de chaque côté du galon, sur toute la longueur (c).

6. Assemblez l'autre pièce du cuir 1 et le fond de la pochette de la même façon. Placez la seconde partie du galon (d). Le devant, le dos et le fond de la pochette sont ainsi réunis pour ne former qu'une seule pièce.

a

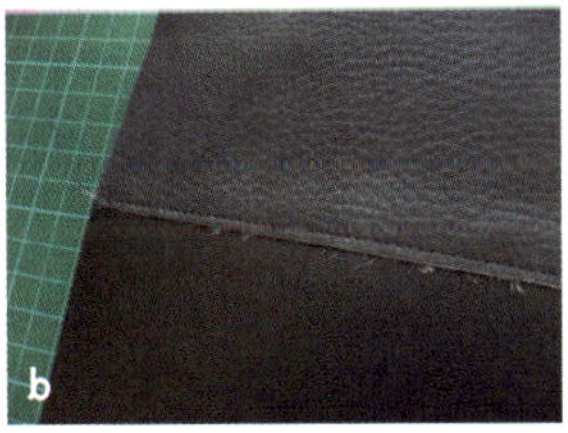
b

c

d

>>

»

Les fermetures et la doublure

7. Découpez une fente de 19 x 0,7 cm sur un des rectangles du cuir 1, à 7 cm au-dessus du galon à paillettes.

8. Montez la fermeture à glissière de 18 cm et réalisez la poche arrière (voir *Réaliser une poche zippée* p. 11) .

9. Cousez les deux pattes de fixation de la fermeture à glissière de 25 cm sur les deux extrémités de cette dernière (e). Pour ce faire, piquez au point droit la largeur placée sur la fermeture.

10. Déposez un filet de colle sur une des longueurs de la fermeture (fermée), sur son endroit ; laissez 1 cm sans colle à chaque extrémité. Collez ensuite l'envers de l'ensemble en cuir. Retournez, côté croûte face à vous, et déposez de la colle sur l'envers de cette même longueur de la fermeture. Posez-y l'endroit de la première pièce de doublure, en alignant bien les bords.

11. Retournez, endroit face à vous, et faites une couture au point droit en commençant et en arrêtant la couture à 1 cm de chaque côté (f).

12. Retournez de nouveau, côté croûte face à vous, puis rabattez la doublure. Posez la seconde partie de la doublure de la même façon sur l'autre longueur de la fermeture (g).

13. Retournez encore une fois, endroit face à vous, puis déposez un filet de colle sur la seconde longueur de la fermeture et collez le bord de la pièce en cuir resté libre (h).

14. Faites une couture au point droit sur toute la longueur en laissant 1 cm au début et à la fin (i).

15. Retournez le cuir sur l'envers. Placez d'un côté les pièces de cuir, endroit contre endroit, et de l'autre, les deux doublures, endroit contre endroit. Maintenez le tout avec les petites pinces de bureau à chaque extrémité des deux galons ainsi qu'au niveau de la fermeture à glissière (j).

16. Faites une couture au point droit sur les longueurs de l'ensemble en cuir ainsi que sur les trois côtés de la doublure ; veillez à laisser une ouverture de 15 cm sur un des cotés de la doublure. Surfilez ensuite au point zigzag toute la doublure.

17. Retournez toute la pochette par l'ouverture de la doublure afin de retrouver l'endroit du cuir. À l'aide du réglet, repoussez le cuir dans les angles pour bien les former.

18. Repliez de 1 cm vers l'intérieur les bords libres de la doublure (k).

19. Fermez ensuite l'ouverture de la doublure par une couture au point droit, en marquant le point de début et d'arrêt de couture, le plus près du bord (l). Rentrez la doublure à l'intérieur de la pochette.

Finitions

20. Réalisez un pompon avec les pièces de cuir de 10 x 12 cm et de 0,3 x 7 cm (voir *Confectionner un pompon en cuir* p. 10).

21. Passez ensuite le lien en cuir de 0,5 x 22,5 cm à travers la tirette et le passant du pompon. Faites un nœud.

22. Repliez le haut de votre pochette de façon à ce que la fermeture à glissière arrive au-dessus du galon à paillettes.

Vous pouvez sortir avec votre pochette !

e

f

g

h

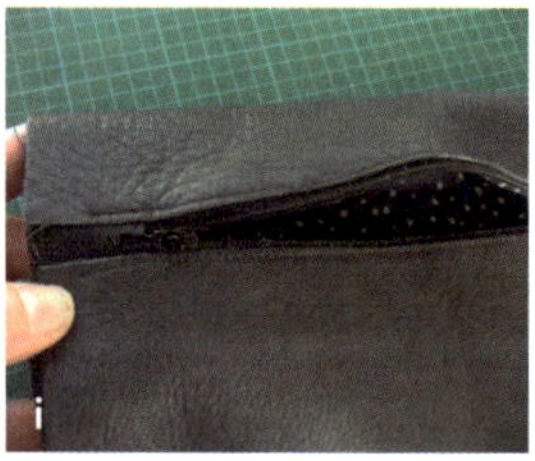
i

j

k

l

• SAC VALENTINE •

Un très beau sac en cuir rouge pour un dîner romantique ou un premier rendez-vous. Réalisé dans un cuir souple de la couleur de la passion, il est mis en valeur par un joli nœud doublé de tissu coordonné.

NIVEAU DE DIFFICULTÉ : ★★★ - DIMENSIONS 26 X 20 CM

★ Matériel

Pour le sac

- Pièce de cuir de mouton satiné de 35 x 75 cm et de 1,3 à 1,5 mm d'épaisseur bg-72 rouge sang/mouton (Cuir en stock)
- 60 x 55 cm de coton imprimé
- 1 fermeture à glissière de 22 cm
- 1 fermeture à glissière de 15 cm
- 30 cm de chaîne argentée
- 1 ou 2 breloques en métal argenté
- 2 mousquetons en métal argenté avec attache Ø 10 mm
- 2 demi-anneaux en métal argenté de 2 cm
- 2 rivets en métal argenté
- 30 cm de passepoil imitation serpent (Ma petite mercerie)
- Tube de colle pour textile
- Paire de ciseaux
- Crayon Argent
- Cutter
- Réglet en métal
- Alêne
- 1 emporte-pièce n° 0,3
- Grosse aiguille pour cuir
- Fil de lin
- Petites pinces de bureau
- Maillet
- Plaque d'Ertalon
- Marteau
- Pince à bijoux

Pour le petit cœur

- 1 œillet en métal argenté avec rondelle Ø 4 mm, avec kit de pose
- 1 emporte-pièce n° 0,4
- 10 x 5 cm toile thermocollante type Vlieseline H250

Pour télécharger les gabarits de ce modèle

http://bit.ly/1mZE4wH

PLAN DE COUPE DU CUIR

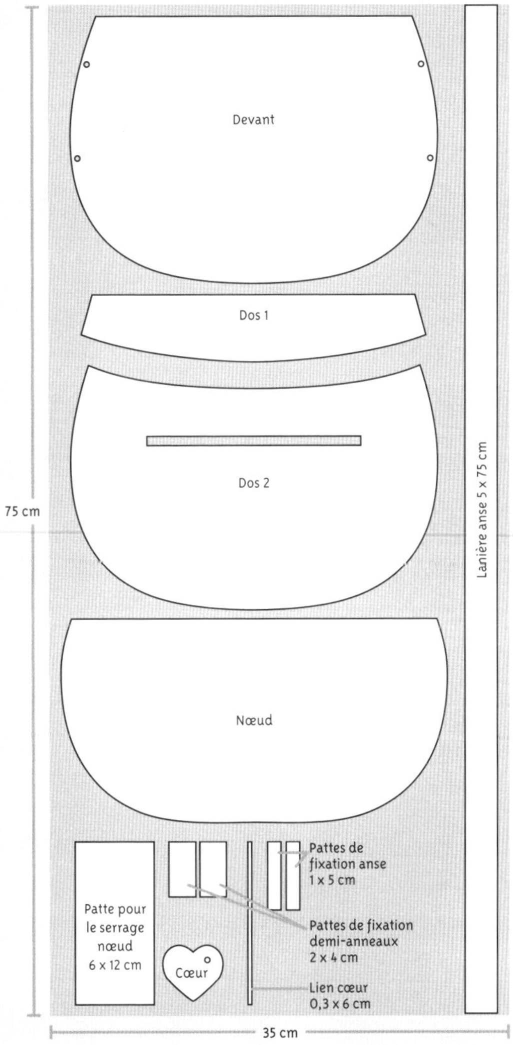

Découpe des pièces

1. Créez les gabarits du sac sur un carton pas trop épais. Découpez ensuite toutes les pièces de cuir en suivant le plan de coupe de la page précédente (voir *Les techniques de base* p. 8) :

- une pièce pour le devant ;
- deux pièces pour le dos (Dos 1 et Dos 2) ;
- une pièce pour le nœud ;
- une patte pour le serrage du nœud de 6 x 12 cm ;
- deux petites pattes de 4 x 2 cm pour la fixation des demi-anneaux ;
- deux pattes de 1 x 5 cm pour la fixation de l'anse ;
- une lanière de 5 x 75 cm pour l'anse ;
- une pièce pour le cœur et son lien de 0,3 x 12 cm.

2. Découpez ensuite aux ciseaux les pièces de tissu pour la doublure du sac, l'intérieur de la poche zippée au dos du sac et la doublure du nœud :

- deux pièces pour la doublure intérieure en suivant le gabarit du devant (ajoutez 1,5 cm au bord supérieur) ;
- un rectangle de 19 x 21,5 cm pour la poche du dos ;
- une pièce pour la doublure du cœur ;
- une pièce pour la doublure du nœud.

La pose du passepoil

3. Déposez un filet de colle sur le côté arrondi de la pièce en cuir Dos 1, côté croûte (a). Collez le passepoil en plaçant le petit bourrelet vers l'extérieur du cuir. Appuyez pour qu'il adhère bien au cuir.

4. Déposez un filet de colle sur l'endroit du bord supérieur incurvé de la pièce en cuir Dos 2 (b). Collez-y la pièce Dos 1 selon les repères des gabarits en alignant bien chaque bord.

5. Piquez au point droit sur l'endroit, en marquant le point de début et d'arrêt de couture, à 0,5 cm du bord arrondi de la pièce du dos. Ainsi, vous piquerez les deux épaisseurs de cuir et le passepoil.

La poche du dos et le nœud

6. Faites une fente de 16 x 0,7 cm sur la pièce en cuir Dos 2 en suivant les repères du gabarit. Posez ensuite la fermeture à glissière de 15 cm et réalisez la poche arrière du sac (voir *Réaliser une poche zippée* p. 11) (c).

7. Placez la doublure du nœud, endroit face à vous. Superposez la pièce en cuir du nœud, côté croûte face à vous, sur le tissu. Alignez soigneusement les bords et fixez l'ensemble avec les petites pinces de bureau (d).

8. Faites une couture au point droit sur les deux longueurs en marquant le point de début et d'arrêt de couture à chaque fois. Respectez bien les indications du gabarit pour laisser libres les ouvertures sur les côtés (e).

9. Retournez l'ensemble sur l'endroit du cuir, puis à l'aide de l'aiguille pour cuir et du fil de lin, faites une couture au point avant sur le milieu de la pièce. Commencez votre couture en piquant votre aiguille du côté de la doublure. Une fois la couture terminée, le fil devra également ressortir du côté de la doublure. Pour faciliter le passage de l'aiguille, vous pouvez percer des petits trous espacés de 1 cm avec l'alêne (f).

a

b

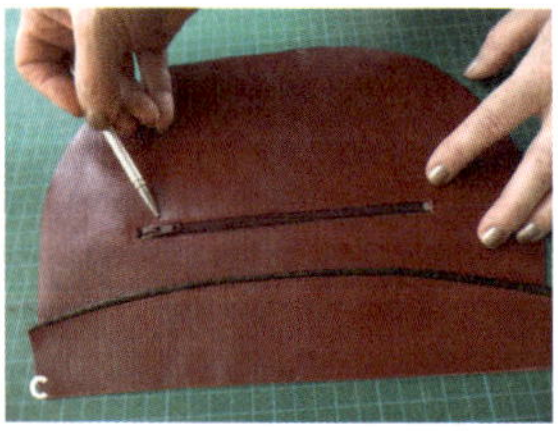
c

d

e

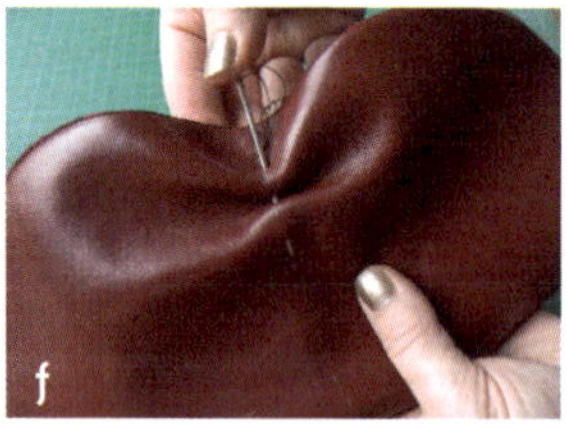
f

10. Froncez en tirant bien le fil puis faites un nœud. Piquez ensuite de la même façon du côté de la doublure en veillant bien à ne prendre que le tissu (g). Faites un nœud pour maintenir l'ensemble puis coupez le fil.

11. Déposez de la colle le long des deux largeurs de la patte pour le serrage du nœud, sur l'envers. Pliez les longueurs vers le centre (les bords de chaque longueur doivent se toucher). On obtient ainsi une patte doublée de 3 x 12 cm (h).

12. Serrer le nœud en son centre avec cette patte que vous fixerez par un point de colle sur ses deux extrémités et une couture à l'aiguille (i).

13. Donnez une jolie forme à votre nœud puis placez-le sur la pièce en cuir du devant en suivant les repères du gabarit. Maintenez-le avec les petites pinces de bureau.

14. Fixez le nœud par une couture au point droit à 0,5 cm du bord, en marquant le point de début et d'arrêt de couture, en suivant les repères du gabarit, sur les deux extrémités (j).

15. Faites ensuite passer chaque patte de fixation de 4 x 2 cm dans un demi-anneau. Pliez-les en deux puis posez-les selon le gabarit du devant. Faites une couture au point droit à 0,5 cm du bord, en marquant le point de début et d'arrêt de couture (k).

La fermeture principale et l'assemblage final

16. Déposez un filet de colle sur l'endroit d'une des longueurs de la fermeture à glissière de 22 cm . Collez dessus l'envers de la pièce du devant.

17. Retournez la pièce, côté croûte face à vous, et déposez un filet de colle sur l'envers de cette longueur de la fermeture. Collez l'endroit de l'une des deux pièces de tissu pour la doublure (côté non arrondi). Alignez bien les bords (l).

18. Rabattez le tissu sur le cuir, envers contre envers. Retournez l'ensemble, endroit du cuir face à vous, et faites une couture au point droit, en marquant le point de début et d'arrêt de couture, à 0,3 mm du bord supérieur, le long de la fermeture (m). Laissez 1 cm de libre de chaque côté de cette couture. Faites de même de l'autre côté de la fermeture.

19. Réunissez les pièces de cuir, endroit contre endroit puis les pièces de tissu, endroit contre endroit. Fixez chaque ensemble avec les petites pinces de bureau (n).

>>

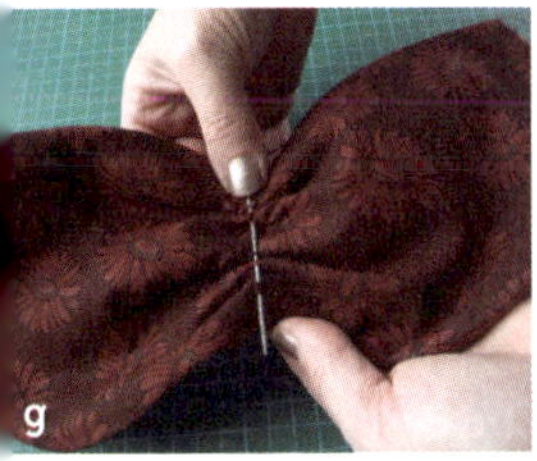

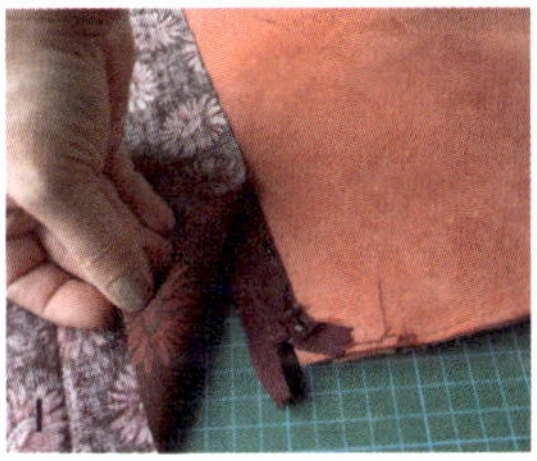

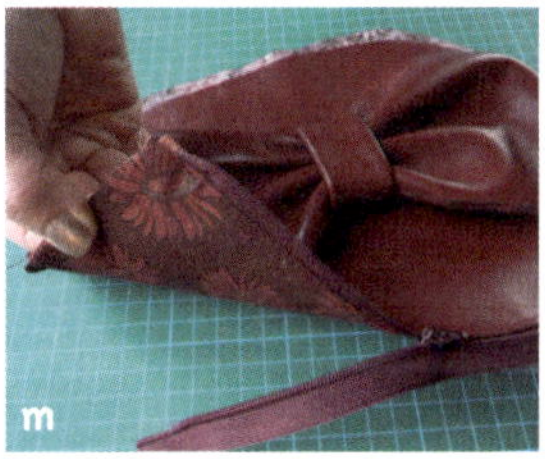

>>

Faites ensuite une couture tout autour de chaque ensemble en laissant une ouverture non cousue dans la doublure. Surfilez au point zigzag la partie en tissu (o).

20. Retournez sur l'endroit l'ensemble par l'ouverture en veillant à bien repousser le cuir dans la partie arrondie à l'aide du réglet en métal pour obtenir une jolie forme. Faites ensuite une couture au point droit, en marquant le point de début et d'arrêt de couture, afin de refermer l'ouverture (p et q). Veillez à bien replier les bords de la doublure à l'intérieur du sac et à piquer le plus près du bord. Ajustez la doublure à l'intérieur du sac.

L'anse

21. Passez une petite patte en cuir pour l'anse dans un mousqueton et pliez-la en deux dans sa largeur. Placez ensuite l'ensemble au milieu de la lanière en cuir pour l'anse, côté croûte. Repliez l'anse par-dessus dans sa longueur, en trois parties égales (r).

22. Placez l'ensemble sous le pied-de-biche de la machine à coudre en utilisant l'outil multiusage pour compenser la hauteur du cuir et éviter que le pied ne soit de biais. Faites une couture au point droit, en marquant le point de début de couture, sur la largeur, puis sur toute la longueur de l'anse.

Arrêtez la couture quelques centimètres avant la fin de l'anse en laissant l'aiguille de la machine piquée dans le cuir, pied-de-biche levé. Placez la seconde patte avec un mousqueton de la même façon sur l'autre extrémité et continuez la couture en marquant bien le point d'arrêt de couture.

s

t

u

23. À l'aide de l'emporte-pièce n° 0,3 et du maillet, percez un petit trou à chaque extrémité de la lanière pour permettre le passage du rivet. Veillez à bien percer les trois épaisseurs en cuir de la lanière ainsi que les deux épaisseurs de la patte. Fixez les rivets en plaçant l'anse sur la plaque de découpe afin de protéger votre plan de travail. À l'aide du marteau, tapez un des côté de chaque rivet afin d'écraser la pointe à l'intérieur. Recommencez l'opération de l'autre côté (s).

24. Coupez en deux la chaîne en ouvrant un des maillons avec la pince à bijoux. Fixez la première partie à un des demi-anneaux en ouvrant et refermant le maillon d'une extrémité. Faites la même chose de l'autre côté avec la deuxième partie de la chaîne à laquelle vous aurez auparavant attaché une breloque. Joignez la lanière aux chaînes à l'aide des mousquetons. Vous pourrez ainsi ajuster la longueur de l'anse afin de porter le sac soit à l'épaule, soit en bandoulière.

Le petit cœur

25. Renforcez le cœur en tissu avec la toile thermocollante. Pour cela, dessinez sur la toile la forme du cœur puis découpez-la avec la paire de ciseaux. Posez la surface brillante du cœur en toile thermocollante sur l'envers du cœur en tissu. Fixez à l'aide d'un fer à repasser.

26. Encollez le cœur en cuir, côté croûte, et déposez-le sur le côté en toile thermocollante du cœur en tissu. Laissez sécher la colle puis surfilez au point zigzag sur tout le tour.

27. Percez un trou à l'aide de l'emporte-pièce n° 0,4 et du maillet selon le repère.

28. Placez l'œillet dans le trou et fixez-le à l'aide du kit de pose. Réalisez cette opération sur une plaque de découpe afin de protéger le plan de travail (t). Passez le petit lien en cuir dans l'œillet et dans la tirette de la fermeture à glissière puis faites un nœud (u).

Vous pouvez maintenant partir à votre rendez-vous amoureux !

Variante

Vous pouvez bien sûr fixer une autre décoration que le petit cœur, en guise de tirette. Pourquoi pas un pompon ?

VIDÉO

Explications de la pose des rivets en vidéo.

• PORTE-CARTES ET CHÉQUIER •

Vous serez parée pour le shopping avec ce porte-cartes et chéquier en cuir, très chic et tendance avec son galon à paillettes ! À l'intérieur, de multiples espaces pour les cartes mais aussi pour le chéquier… l'accessoire indispensable à glisser dans votre sac.

NIVEAU DE DIFFICULTÉ : ★★★ - DIMENSIONS 11 X 19 CM

★ Matériel

Pièce de cuir de vache souple et brillant de 40 x 40 cm et de 0,8 cm d'épaisseur

40 x 50 cm de tissu en coton Parson grey rain kaki (Free spirit - Cousette)

2 x 20 cm de galon à paillettes

Tube de colle pour textile

Petites pinces de bureau

Paire de ciseaux

Crayon Argent

Cutter

Réglet en métal

Découpe des pièces

1. Pour plus de commodité, vous pouvez couper la pièce en cuir de 40 x 40 cm en deux. Coupez les pièces suivantes (voir *Les techniques de base* p. 8) en suivant le plan de coupe du cuir ci-dessous :

- pièce 1 : un rectangle de 20 x 24 cm pour la couverture ;
- pièce 2 : un rectangle de 20 x 9 cm pour la grande poche du chéquier 1 ;
- pièce 3 : un rectangle de 20 x 7 cm pour le fond de la pochette ;
- pièce 4 : un rectangle de 20 x 6,5 cm pour la grande poche du chéquier 2 ;
- pièce 5 : un rectangle de 20 x 6,5 cm pour la grande poche côté cartes ;
- pièces 6 à 8 : trois rectangles de 20 x 6,5 cm pour les poches du porte-cartes.

2. Découpez ensuite aux ciseaux les neuf pièces de tissu pour la doublure de la pochette selon le plan de coupe du tissu ci-dessous :

- Pièces 1 et 2 : deux rectangles de 20 x 10,5 cm pour la doublure du fond côté chéquier et côté cartes ;
- Pièces 3 et 4 : deux rectangles de 20 x 12 cm pour la doublure des grandes poches côté cartes et chéquier 2 ;

»

PLAN DE COUPE DU CUIR

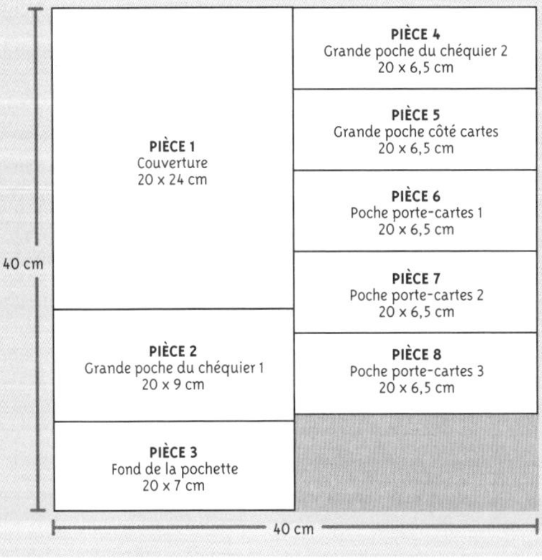

PLAN DE COUPE DU TISSU

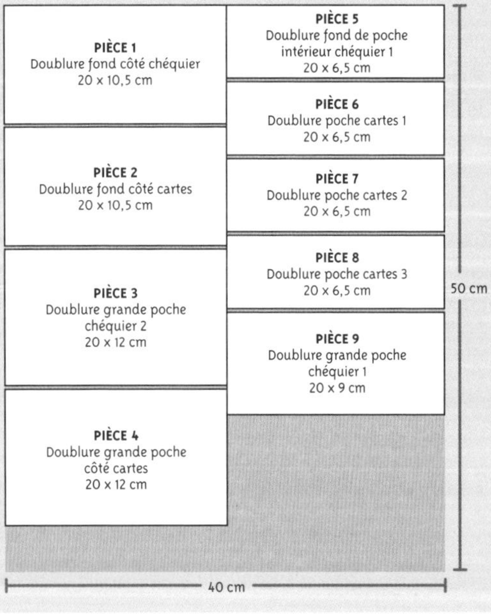

All you need is love
+

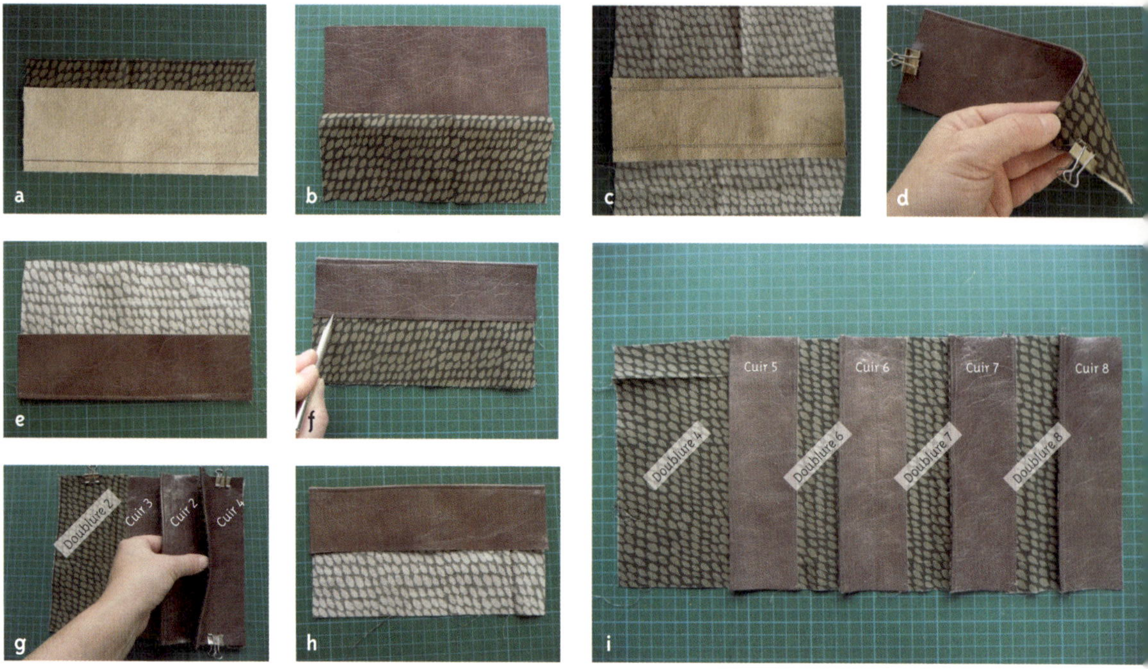

»

- Pièces 5 : un rectangle de 20 x 6,5 cm pour la doublure du fond de poche intérieur chéquier 1 ;
- Pièces 6 à 8 : trois rectangles de 20 x 6,5 cm pour la doublure des cartes (1, 2 et 3) ;
- Pièce 9 : un rectangle de 20 x 9 cm pour la doublure de la grande poche du chéquier 1.

Assemblage

3. Posez la pièce de cuir 3 côté endroit face à vous. Appliquez un filet de colle sur une des longueurs et posez la pièce de doublure 1 dessus, endroit contre endroit, en alignant bien les bords. Faites une couture au point droit à 1 cm du bord, en marquant le point de début et d'arrêt de couture, sur toute la longueur (a).

4. Retournez sur l'endroit puis rabattez le tissu (b). Faites une couture au point droit sur le tissu à 0,5 cm du bord.

5. Faites de même de l'autre côté de la pièce de cuir en utilisant la pièce de doublure 2 (c).

6. Posez la pièce de cuir 2 côté croûte face à vous, et appliquez un filet de colle sur une de ses longueurs. Posez l'envers de la pièce de doublure 9 dessus, puis faites une couture à 1 cm du bord, sur toute la longueur, en marquant le point de début et d'arrêt de couture. Retournez sur l'endroit du cuir et pliez le cuir sur lui-même le long de la couture. Tirez sur le tissu en alignant parfaitement les bords en les maintenant avec les petites pinces de bureau. Piquez au point droit, à 0,5 cm du bord (d).

7. Faites de même avec la pièce de cuir 4 et la pièce de doublure 3 (e). Retournez côté croûte, soulevez le tissu de doublure et déposez un filet de colle tout le long du bord libre. Posez la pièce de doublure 5. Retournez et faites une couture au point droit sur le cuir, à 0,5 cm du bord (f).

8. Disposez les pièces cousues sur un des côtés du fond en alignant bien les poches sur la partie inférieure. Maintenez l'ensemble avec les petites pinces le temps de faire les poches des cartes de l'autre côté (g). La partie avec les deux grandes poches est terminée, ainsi que le fond du porte-cartes et chéquier.

9. Posez la pièce de cuir 5 côté croûte face à vous et posez l'envers de la doublure 4 dessus en alignant bien les bords. Faites une couture à 1 cm du bord supérieur. Retournez sur l'endroit du cuir puis pliez le cuir sur lui-même le long de la couture. Tirez sur le tissu pour bien le placer puis piquez à 0,5 cm du bord au point droit (h).

10. Faites les mêmes gestes qu'à l'étape 9 avec les pièces de cuir 6, 7 et 8 et les doublures 6, 7 et 8, endroit contre endroit. Assemblez ensuite les différentes pièces en recouvrant avec le cuir le tissu de 1 cm et en faisant une couture au point droit. Le second côté du modèle est ainsi assemblé ; il ne vous reste plus qu'à plier l'ensemble en répartissant les mêmes dimensions pour chaque poche (i).

11. Assurez-vous que les cartes entrent facilement dans les poches et faites une couture centrale au point droit pour maintenir l'espacement (j).

12. Posez l'ensemble ainsi obtenu sur l'autre côté du fond en alignant bien les bords ; maintenez l'ensemble avec les petites pinces (k). Les bords supérieurs de chaque partie doivent être espacés de 2 cm. Faites une couture tout autour au point droit. La partie intérieure du modèle est terminée.

Couture finale et finitions

13. Posez la pièce de cuir 1 endroit face à vous et placez le morceau de galon à paillettes à 4 cm d'une des largeurs. Faites ensuite une couture sur les deux longueurs du galon (l).

14. Posez le côté intérieur du modèle sur la pièce de cuir 1, endroit contre endroit, en veillant à bien aligner les bords. Maintenez avec les petites pinces (m) et faites une couture à 0,5 cm du bord, sur tout le tour en laissant une ouverture de 7 cm au centre d'une des largeurs du modèle (pièce de cuir 1) (n). Marquez le point de début et d'arrêt de couture puis surfilez au point zigzag.

15. Retournez l'ensemble par l'ouverture pour retrouver l'endroit de la pochette. Repoussez le cuir dans les angles avec un réglet pour obtenir de jolis coins.

16. Repliez les bords de l'ouverture de 0,5 cm puis refermez l'ouverture avec un filet de colle. Maintenez ensuite avec les petites pinces (o).

17. Refermez également la doublure à l'intérieur de la poche avec quelques points à la main.

Votre porte-cartes et chéquier est terminé, il ne vous reste plus qu'à y ranger toutes vos cartes et à le glisser dans votre sac.

Variantes

Variez les types de rubans ! Vous pouvez également coudre un écusson ou une forme découpée, comme une étoile, dans un cuir d'une autre couleur.

j

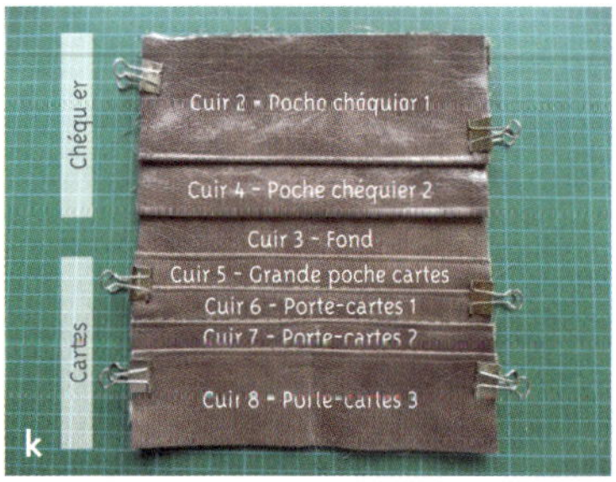

k

l

m

n

o

• POCHETTE BICOLORE À DRAGONNE •

Une pochette à l'allure sportive mais qui ne manque pas de classe avec son cuir métallisé très chic. La dragonne montée sur un mousqueton permet de porter cette pochette à son poignet, mais elle peut tout aussi bien se porter en bandoulière ou sur l'épaule si on lui ajoute une anse en métal, facile à fixer grâce aux demi-anneaux placés de chaque côté.

NIVEAU DE DIFFICULTÉ : ★★★ - DIMENSIONS 25 X 15 CM

★ Matériel

- Pièce de cuir de vachette violet foncé de 30 x 35 cm pour le corps de la pochette et de 1,6 mm d'épaisseur (Cuir en stock)
- Pièce de cuir de chèvre métallisé prune de 30 x 20 cm pour les poches et les rabats de 0,9 mm d'épaisseur
- 50 x 55 cm de tissu Mauvey prune (Liberty art fabrics - Cousette)
- 65 cm de passepoil imitation serpent (Ma petite mercerie)
- 10 x 15 cm de toile thermocollante type Vlieseline H250
- 1 fermeture à glissière de 20 cm
- 1 fermeture à glissière de 18 cm
- 1 rivet en métal argenté Ø 0,7 cm
- 1 mousqueton en métal avec une attache Ø 2 cm
- 2 demi-anneaux Ø 2 cm
- 2 boucles de ceinture pour passant Ø 2 cm
- 6 œillets en métal avec rondelles Ø 4 mm, avec son kit de pose
- 2 boutons-pression aimantés à riveter Ø 1,7 cm
- Petites pinces de bureau
- Tube de colle pour textile
- Paire de ciseaux
- Crayon Argent
- Cutter
- Réglet en métal
- Emporte-pièce n° 0,1 et 0,3
- Maillet
- Plaque d'Ertalon

PLAN DE COUPE DU CUIR

Cuir 1

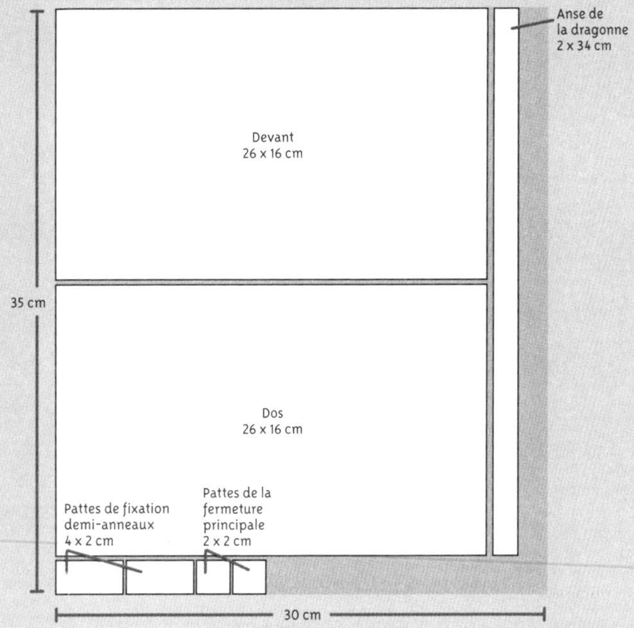

Cuir 2

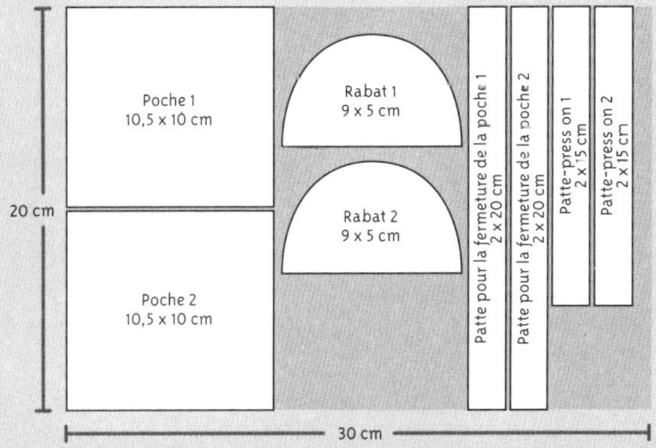

Pour télécharger les gabarits de ce modèle

http://bit.ly/1mZE4wH

a

b

c

d

e

f

g

Découpe des pièces

1. Réalisez les gabarits dans un carton pas trop épais. Tracez également les rectangles présentés sur le plan de coupe. Découpez ensuite toutes les pièces de cuir en suivant le plan de coupe de la page précédente (voir *Les techniques de base* p. 8).

Cuir 1 (corps de la pochette) :

- deux rectangles de 26 x 16 cm (devant et dos) ;
- deux pattes de 2 x 2 cm pour la fermeture à glissière ;
- deux pattes de fixation de 4 x 2 cm pour les anneaux ;
- une lanière de 2 x 34 cm pour l'anse de la dragonne.

Cuir 2 (poches et rabats) :

- deux rectangles de 10,5 x 10 cm pour les poches ;
- deux pièces de cuir pour le rabat des poches (voir gabarit) ;
- deux pattes de 20 x 2 cm pour la fermeture des poches sur les rabats ;
- deux pattes-pression de 15 x 2 cm pour la fixation des poches (boucle et bouton aimanté).

2. Découpez ensuite aux ciseaux les pièces de tissu pour la doublure de la pochette :

- un rectangle de 26 x 36 cm pour la doublure intérieure ;
- un rectangle de 23 x 22 cm pour la poche du dos ;
- deux rectangles de 12,5 x 12 cm pour les poches ;
- deux pièces pour le rabat des poches (voir gabarit) ;
- deux pièces de toile thermocollante pour les rabats (voir gabarit du rabat en cuir).

Les poches avant

3. Découpez un morceau de passepoil de 12,5 cm et déposez un filet de colle sur toute sa longueur (a).

4. Placez la pièce en cuir de la poche côté croûte face à vous et collez le passepoil de façon à laisser dépasser à l'extérieur le petit bourrelet. Repliez les deux extrémités du passepoil vers l'intérieur (b).

5. Marquez le pli en repliant de 1 cm les quatre côtés de la pièce de tissu pour la doublure de la poche, envers face à vous avec l'aide d'un fer à repasser. Placez cette doublure sur la pièce en cuir avec le passepoil, envers du tissu contre envers du cuir, sur la longueur avec le passepoil (c). Maintenez l'ensemble avec les petites pinces de bureau. Retournez et faites une couture, côté cuir, le long de cette longueur en marquant le point de début et d'arrêt de couture. Le cuir, le passepoil et le tissu doivent être piqués ensemble (d).

6. Entaillez les fentes du bouton-pression de la poche en suivant les repères du gabarit. Veillez à ne découper que la pièce en cuir. Faites ensuite passer les deux petites pattes de fixation en métal du bouton. Placez la pièce de métal sur l'arrière de la pièce en cuir. Repliez les pattes. La première partie du bouton est fixée (e).

7. Découpez un petit rond en cuir, d'un diamètre supérieur à celui du bouton, avec les ciseaux, et collez-le à l'arrière du bouton-pression (f).

8. Replacez la doublure contre le cuir en alignant bien les bords. Vous pouvez déposer un filet de colle sur tout le tour pour maintenir en place le tissu (g).

9. Faites une couture au point droit sur les deux angles inférieurs, selon les repères du gabarit (le trait en pointillé indique la pliure et le trait continu la couture), afin de réaliser les soufflets de la poche (h). Coupez la pointe des angles puis surfilez au point zigzag (i).

10. Tracez à l'aide du crayon Argent les repères de l'emplacement de la première poche sur la pièce du devant de la pochette dans le cuir 1 : un carré de 9 x 9 cm, à 3 cm de la largeur et à 3 cm de la longueur inférieure. Placez votre poche puis piquez au point droit, en marquant le point de début et d'arrêt de couture, les trois côtés de la poche. Votre première poche est fixée.

11. Procédez de la même manière pour fixer la seconde poche. Elle viendra se placer à 3 cm de la seconde largeur de la pièce de cuir du devant et à 3 cm de la longueur inférieure. Les deux poches sont espacées de 2 cm et placées à 4 cm de la longueur supérieure de la pièce de cuir (j).

Les fermetures et les rabats

12. Préparez la patte de fermeture recevant la boucle et le bouton-pression. Avec l'emporte-pièce n° 0,4 et le maillet, percez un trou permettant le passage de l'ardillon de la boucle de ceinture. Coupez deux fentes pour pouvoir insérer les pattes du bouton aimanté. Suivez les repères de l'emplacement du bouton-pression aimanté. Placez la boucle de ceinture au milieu de la patte puis placez la seconde partie du bouton aimanté de la même façon que sa première partie sur la poche (k et l).

Encollez la patte en cuir et pliez-la en deux. Appuyez fermement. Faites ensuite une couture en forme de carré au point droit sur le côté opposé à la boucle en suivant le repère de couture du gabarit. Faites de même pour la seconde patte.

13. Préparez maintenant les pattes pour la fermeture des poches recevant les œillets. Enduisez de colle l'envers de la première patte en cuir puis pliez-la en deux. Appuyez fermement. Faites une couture au point droit sur trois côtés, à 3 mm du bord. Percez à l'aide de l'emporte-pièce n° 0,4 et du maillet les trous pour les œillets selon les repères du gabarit. Placez les trois œillets avec rondelles à l'aide du kit de pose et du maillet. Faites de même pour la seconde patte (m).

14. Placez la patte sur la pièce de cuir du rabat selon les repères du gabarit. Cousez-la avec une couture au point droit sur la partie supérieure du rabat, à 0,5 cm du bord (n).

15. Fixez, à l'aide d'un fer à repasser, la toile thermocollante sur le tissu de la doublure du rabat (côté brillant de la toile contre envers du tissu de doublure). Repliez ensuite vers l'intérieur les bords du tissu d'environ 1 cm, en suivant les repères du gabarit.

16. Déposez un filet de colle sur le pourtour arrondi de la pièce de cuir, côté croûte, puis appliquez un morceau de passepoil en laissant dépasser 1 cm à chaque extrémité. Rabattez vers l'intérieur chaque côté de passepoil, puis appliquez de la colle sur tout l'envers de la pièce de cuir (o).

»

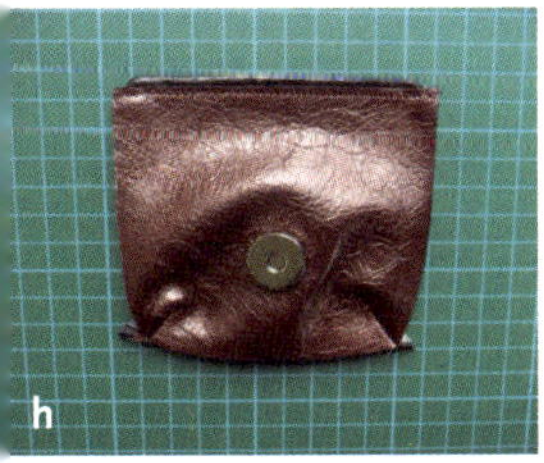
h

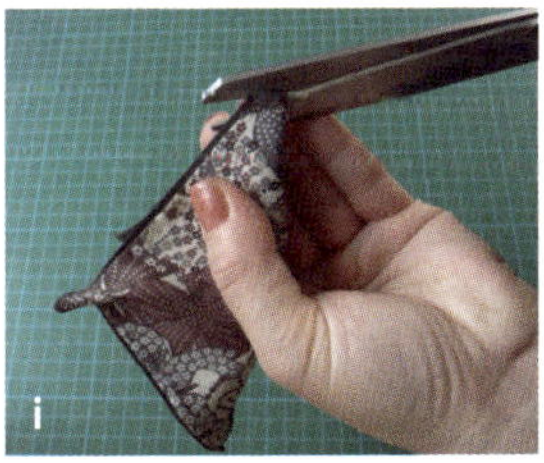
i

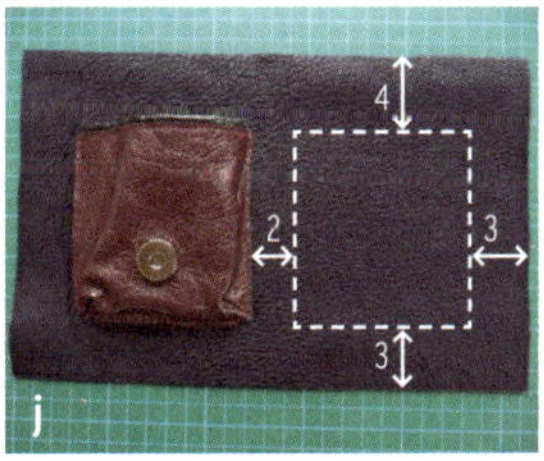

j

k

l

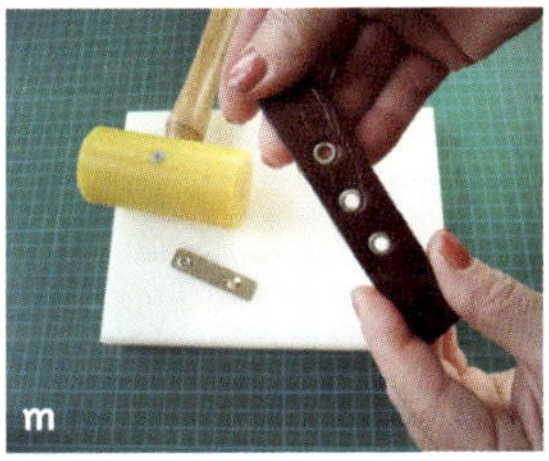
m

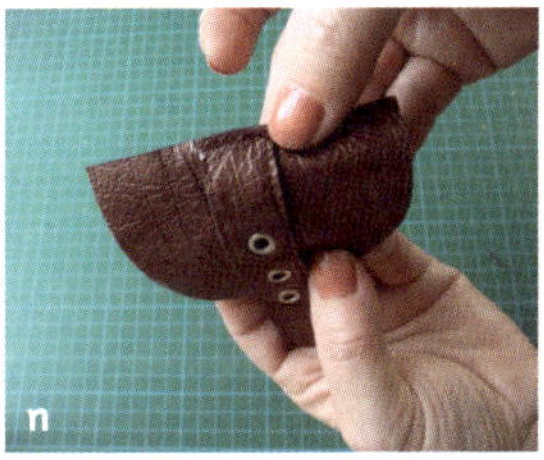
n

o

p

q

r

s

t

u

v

w

Collez-y l'envers de la pièce de tissu thermocollée en alignant soigneusement les bords (p). Piquez au point droit sur tout le pourtour arrondi de l'ensemble, sur l'endroit du côté cuir, en veillant à ne pas piquer la patte (q).

17. Placez le bord droit du rabat, côté doublure face à vous, au-dessus de la première poche, à 3 cm de la longueur supérieure de la pièce du devant en cuir. Faites ensuite une couture au point droit, en marquant le point de début et d'arrêt de couture pour une meilleure fixation. Le rabat et la poche doivent être espacés de 1 cm.

18. Faites de même pour la seconde patte et le second rabat (r).

La poche du dos

19. Réalisez la poche au dos de la pochette en utilisant la fermeture à glissière de 18 cm (voir *Réaliser une poche zippée* p. 11). Faites une entaille de 18,5 x 0,7 cm dans la pièce de cuir du dos, à 4 cm de la longueur supérieure.

20. Fixez par une couture les deux pattes avec les demi-anneaux insérés, à 1 cm de la longueur supérieure de la pièce de cuir du dos, sur l'endroit.

21. Cousez ensuite les deux petites pattes en cuir à chaque extrémité de la fermeture à glissière de 20 cm (s). Appliquez un filet de colle sur l'endroit d'une des longueurs de la fermeture puis collez l'envers de la pièce de cuir du devant (t).

22. Retournez puis appliquez un filet de colle sur l'envers de la longueur de la fermeture. Collez l'endroit de la doublure intérieure en veillant à bien aligner les bords. Retournez côté cuir et faites une couture au point droit, en marquant le point de début et d'arrêt de couture, sur toute la longueur (u).

23. Réalisez la même opération de l'autre côté de la fermeture mais en collant cette fois le dos de la pochette en cuir. Pliez le tissu de la doublure en deux en veillant à ce que les bords soient bien alignés (v). Piquez ensuite au point droit, en marquant le point de début et d'arrêt de couture, sur l'endroit du dos en cuir (w).

24. Placez les deux pièces de cuir l'une contre l'autre (endroit contre endroit) d'un côté et la doublure de l'autre. Maintenez l'ensemble avec les petites pinces et faites une couture sur tout le tour en laissant une ouverture non cousue sur un des côtés de la doublure (x).

25. Retournez la pochette sur l'endroit par cette petite ouverture. Repoussez le cuir dans les angles pour bien les former. Fermez la doublure par une couture au point droit, en marquant le point de début et d'arrêt de couture (y). Rentrez la doublure à l'intérieur de la pochette puis fermez la fermeture à glissière.

La dragonne

26. Passez l'anse dans l'attache du mousqueton. Pliez l'anse et placez le mousqueton comme sur la photo (z). Les deux extrémités de l'anse doivent se chevaucher sur 2 cm.

27. Posez l'ensemble sur la plaque d'Ertalon, et, à l'aide de l'emporte-pièce n° 0,3 et du maillet, percez un trou à travers les trois épaisseurs de cuir. Fixez le rivet à l'aide du maillet et du kit de pose (a'). Attachez la dragonne à un demi-anneau de la pochette, selon votre convenance, et votre modèle est terminé !

Variantes

Vous pouvez remplacer la poignée dragonne par une chaîne de sac avec mousquetons pour porter la pochette à l'épaule ou en bandoulière. Vous pouvez aussi tout simplement enlever la poignée pour n'avoir qu'une pochette.

VIDÉO

Explications de la pose des rivets en vidéo.

x

y

z

a'

• SAC MADEMOISELLE •

Classique, chic et intemporel, ce sac est un bon basique à avoir dans sa collection. Son très grand nœud en Liberty lui donne une allure sophistiquée, mais il sait rester simple par sa forme. Ce sac sera votre compagnon idéal pour les rendez-vous importants. Sobre et élégant, vous êtes sûre de ne pas faire de faute de goût !

NIVEAU DE DIFFICULTÉ : ★★★ - DIMENSIONS 30 X 24 CM

★ Matériel

- Pièce de cuir de vache de 50 x 110 cm et de 1 mm d'épaisseur
- 70 x 70 cm de tissu Mauvey prune (Liberty art fabrics - Cousette)
- 1 fermeture à glissière de 25 cm
- 1 fermeture à glissière de 18 cm
- 2 demi-anneaux Ø 25 mm
- 2 mousquetons en métal avec anneau pivotant de Ø 20 mm (Ma petite mercerie)
- 1 boucle coulissante en métal de 25 x 20 mm
- 1 bouton-pression aimanté Ø 18 mm
- 2 rivets en métal Ø 7 mm
- Emporte-pièce n° 0,3
- Tube de colle pour textile
- Petites pinces de bureau
- Crayon Argent
- Aiguille pour le cuir
- Fil de lin
- Cutter
- Réglet en métal
- Maillet
- Plaque d'Ertalon

Pour télécharger les gabarits de ce modèle

http://bit.ly/1mZE4wH

PLAN DE COUPE DU CUIR

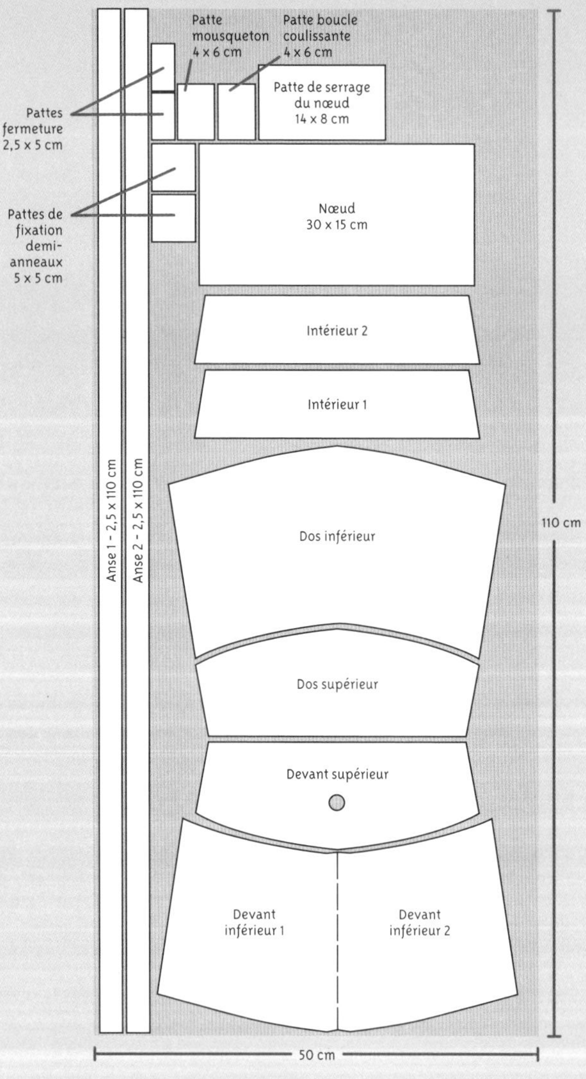

Souvenirs

Découpe des pièces

1. Reportez les gabarits de la pochette sur un carton pas trop épais. Tracez également sur le carton les rectangles présentés sur le plan de coupe. Découpez ensuite toutes les pièces de cuir en suivant le plan de coupe de la p. 58 (voir *Les techniques de base* p. 8) :

- deux pièces pour le devant inférieur ;
- une pièce pour le devant supérieur ;
- une pièce pour le dos supérieur ;
- une pièce pour le dos inférieur ;
- deux pièces pour les deux parties intérieures avec fermeture ;
- deux pattes de fixation des demi-anneaux de 5 x 5 cm ;
- deux lanières pour l'anse de 2,5 x 110 cm ;
- deux pattes de 4 x 6 cm pour le passant de la boucle coulissante et le mousqueton en métal ;
- deux pattes pour la fermeture de 2,5 x 5 cm ;
- un rectangle de 30 x 15 cm pour le nœud ;
- une patte de serrage pour le nœud de 14 x 8 cm.

2. Découpez ensuite aux ciseaux les pièces de tissu pour la doublure du sac et la poche intérieure au dos :

- deux pièces pour la doublure intérieure ;
- deux pièces pour la doublure des parties intérieures avec fermeture ;
- un rectangle de 30 x 15 cm pour le nœud ;
- un rectangle de 35 x 24 cm pour la poche intérieure au dos du sac.

Attention ! ***Pour ce modèle, des demi-gabarits vous seront souvent donnés. Pensez bien à reproduire le demi-gabarit de l'autre côté du cuir pour avoir la forme complète.***

La poche du dos

3. Faites une entaille de 19 x 0,7 cm dans la pièce de cuir du dos supérieur, à 3 cm de la longueur supérieure. Réalisez la poche au dos de la pochette en utilisant la fermeture à glissière de 18 cm (voir *Réaliser une poche zippée* p. 11) (a).

4. Assemblez les pièces de cuir du dos supérieur et du dos inférieur. Placez les deux pièces endroit contre endroit et maintenez-les avec les petites pinces (b). Piquez côté croûte au point droit, en marquant le point de début et d'arrêt de couture, à 1 cm du bord où sont placées les pinces.

5. Rabattez le centimètre libre après cette couture vers la partie supérieure du sac. Retournez sur l'endroit puis faites une surpiqûre au point droit, à 0,3 mm du bord arrondi du dos supérieur (c).

Assemblage du dos et du devant

6. Disposez les pièces de cuir des devants inférieurs 1 et 2, endroit contre endroit. Réalisez ensuite une couture au point droit, en marquant le point de début et d'arrêt de couture sur toute la hauteur, à 1 cm du bord.

7. Repliez les deux parties de 1 cm de part et d'autre de la couture. Retournez sur l'endroit puis faites une surpiqûre au point droit de chaque côté de la couture centrale, à environ 3 mm (d).

a

b

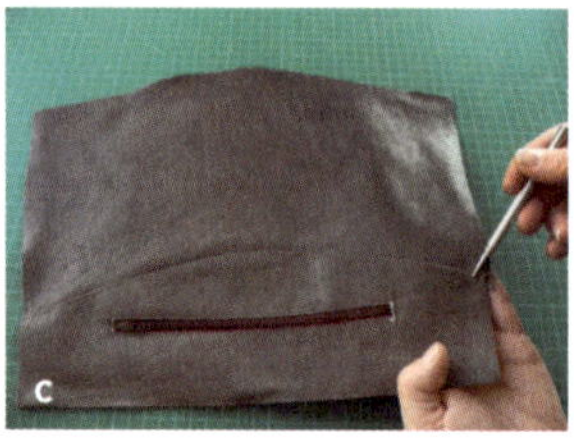
c

d

e

f

g
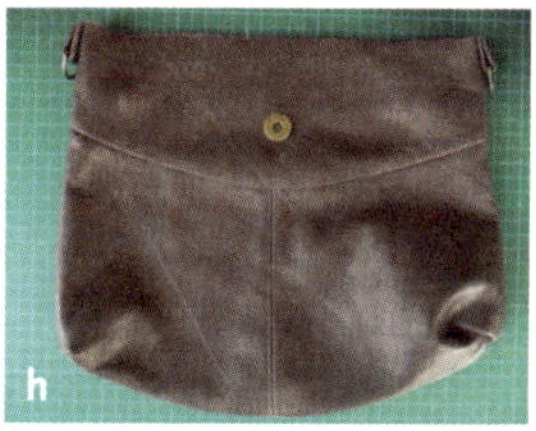
h

i

j

k

l

8. Assemblez les pièces du devant supérieur et du devant inférieur de la même façon que le dos (e).

9. Disposez ensuite les pièces assemblées du devant et du dos, endroit contre endroit, puis faites une couture au point droit à 1 cm du bord sur les trois côtés.

10. Réalisez le fond du sac selon les repères des gabarits du dos inférieur et du devant inférieur. Pour cela, repliez un des coins du sac de façon à aligner les coutures du côté et du fond du sac et faites une couture droite, à 4 cm de l'angle du triangle (f). Coupez aux ciseaux la pointe.

11. Réalisez la même chose de l'autre côté puis retournez le sac à l'endroit pour vérifier vos coutures et la forme des angles (g).

12. Fixez le bouton-pression aimanté sur le devant supérieur du sac selon le repère du gabarit (h). Coupez les deux fentes pour permettre le passage des pattes de métal du bouton avec le cutter.

Placez la partie supérieure du bouton sur le devant supérieur du sac puis placez la pièce de métal ronde (partie inférieure du bouton) en dessous. Repliez les pattes afin de bien fixer votre bouton.

13. Déposez un filet de colle sur les longueurs des pattes de fixation des demi-anneaux. Rabattez chaque longueur vers le centre en veillant à ce qu'elles se rejoignent au centre de la pièce.

14. Passez chaque patte dans un demi-anneau et pliez-la en deux. Placez ces pattes de chaque côté supérieur du sac, sur l'endroit de la couture assemblant le devant et le dos. Faites une couture au point droit pour fixer ces parties (i). Réalisez la même chose pour la seconde patte.

15. Réalisez la doublure du sac en assemblant les deux pièces de tissu pour la doublure intérieure, endroit contre endroit. Piquez au point droit, à 1 cm du bord, sur les trois côtés en laissant une longueur de libre. Surfilez au point zigzag.

16. Réalisez le fond de sac en tissu de la même façon que le corps du sac en cuir (j).

17. Placez la doublure du sac dans le corps du sac en cuir, envers contre envers, en ajustant bien les deux pièces avec le réglet en métal (k).

La fermeture principale

18. Cousez sur chaque extrémité de la fermeture à glissière de 25 cm, sur l'endroit, les petites pattes en cuir pour la fermeture, pliées en deux afin de recouvrir les deux faces de la fermeture.

19. Encollez ensuite d'un léger filet de colle l'endroit d'une des longueurs de la fermeture à glissière, puis déposez l'endroit de la partie inférieure de la pièce de cuir l'intérieur 1 dessus (l). Veillez à ne pas mettre de colle sur la petite patte en cuir.

>>

»

20. Retournez et encollez l'envers de la même longueur de la fermeture. Posez l'endroit de la pièce de doublure dessus en alignant bien les bords (m).

21. Réalisez une couture sur l'envers du cuir sur toute la longueur en arrêtant la couture au niveau de la tirette (n). Les pattes en cuir de la fermeture doivent rester libres.

22. Faites la même chose sur la seconde longueur de la fermeture à glissière. Réalisez ensuite, sur l'endroit du cuir, une surpiqûre au point droit de part et d'autre de la fermeture, à 0,3 mm du bord, en marquant le point de début et d'arrêt de couture (o).

23. Retournez l'ensemble, puis réunissez les deux pièces de cuir, endroit contre endroit, et les deux pièces de tissu, endroit contre endroit, de chaque côté de la fermeture. Faites une couture au point droit sur les deux côtés opposés de cet assemblage puis surfilez au point zigzag le tissu (p).

24. Rabattez le tissu à l'endroit contre le cuir pour vérifier votre couture et votre assemblage (q). L'empiècement de fermeture est terminé.

Le corps du sac et la doublure

25. Placez l'empiècement avec la fermeture à glissière principale, cuir contre cuir, sur la partie supérieure du corps du sac retourné sur l'envers. Alignez soigneusement les coutures et maintenez avec les petites petites pinces (r).

26. Piquez sur tout le tour au point droit, à 1 cm du bord.

27. Retournez le sac sur l'endroit, côté cuir. Repliez l'empiècement de fermeture vers l'intérieur du sac et faites une couture à 0,5 cm du bord de la partie supérieur du corps du sac, en marquant le point de début et d'arrêt de couture sur un des côtés.

28. Fermez la fermeture. L'empiècement de fermeture est fixé au corps du sac (s).

L'anse

29. Encollez la patte pour la boucle coulissante. Passez-la dans le passant de la boucle coulissante, sur le montant du milieu, puis pliez-la en deux. Fixez ensuite la patte sur une des deux grandes lanières pour l'anse avec un point de colle en laissant dépasser 1,5 cm de cuir de la patte de la boucle. Posez la seconde lanière dessus, en alignant bien les bords, et encollez toute la longueur des deux lanières en vous arrêtant à 3 cm de l'extrémité libre.

m

n

o

p

q

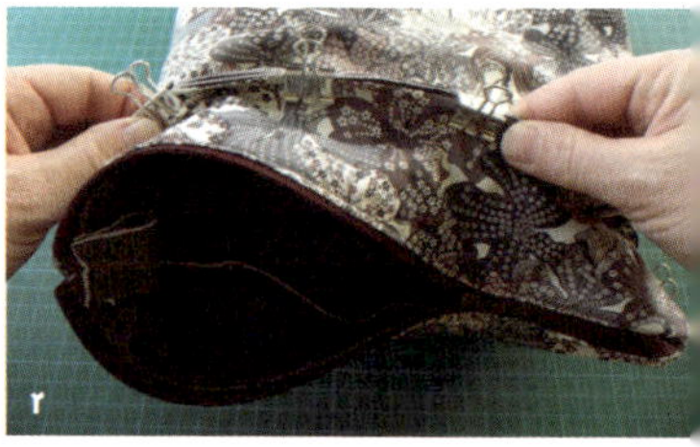
r

s

t

u

v

w

x

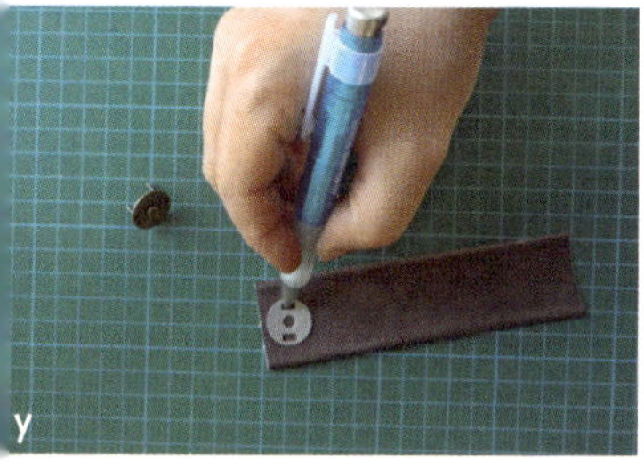
y

z

a'

30. Faites une couture au point droit sur tout le tour de la lanière. Commencez et terminez la couture à 3 cm de l'extrémité libre (t).

31. Faites passer l'anse dans un des demi-anneaux du sac puis repassez-la dans la boucle de serrage (u).

32. Fixez le mousqueton avec sa patte de la même manière que la patte pour la boucle coulissante et placez-la entre les deux lanières, sur l'extrémité libre. Faites une couture au point droit, en marquant le point de début et d'arrêt de couture pour terminer le tour de la lanière. Percez, à l'aide du maillet et de l'emporte-pièce n° 0,3, un petit trou afin de fixer un rivet qui renforcera le maintien de la patte en cuir du mousqueton à la lanière.

33. Attachez le mousqueton au second demi-anneau du sac (v).

Le nœud

34. Assemblez la pièce de cuir et la pièce de tissu pour la doublure, endroit contre endroit, en réalisant une couture sur tout le tour. Laissez une ouverture de 7 cm sur une des largeurs (w).

35. Retournez l'ensemble sur l'endroit. Repoussez le cuir, à l'aide du réglet en métal ou d'une lissette, dans les coins pour bien les former. Fermez l'ouverture en rabattant vers l'intérieur le cuir et le tissu de 1 cm et faites une couture sur tout le tour, à 0,3 cm du bord.

36. Encollez la patte de serrage du nœud puis pliez les deux longueurs pour les réunir au centre de la patte, sur l'envers (x).

37. Marquez l'emplacement des fentes pour les pattes du bouton avec le crayon Argent (y).

38. Pliez la patte en deux dans le sens de la largeur en laissant se chevaucher les deux extrémités sur 2,5 cm. Fixez avec un point de colle. Coupez les fentes du bouton avec le cutter et la plaque d'Ertalon.

VIDÉO *Explications de la pose des rivets en vidéo.*

Fixez les deux parties du bouton-pression sur la patte de serrage du nœud (z).

39. Réalisez des fronces au milieu du nœud à l'aide d'une aiguille à cuir et du fil de lin en piquant tous les 1 cm, dessus puis dessous, c'est-à-dire au point avant. Tirez sur le fil de fronce, en faisant glisser le cuir sur le fil. Faites un nœud, ou deux points superposés pour maintenir le fil, puis coupez-le (a').

40. Passez le nœud ainsi obtenu dans l'anneau en cuir. Vous pouvez choisir de le placer côté cuir ou côté Liberty selon l'envie.

Il ne vous reste plus qu'à le fixer au sac !

Merci qui ?

Merci tout d'abord à Nathalie Delimard d'Abracadacraft® et à toute l'équipe des Éditions Eyrolles sans qui cette aventure n'aurait pas pu être possible ! Je les remercie pour la confiance qu'ils m'ont accordée et pour toute leur aide lors de cette aventure.
Un très grand merci à M. Austruy de *Cuir en stock*, pour la grande générosité dont il a fait preuve en m'offrant de magnifiques cuirs. Merci aussi à *Cousette*, pour ses si beaux tissus et à *Ma petite mercerie* pour ses bien jolis cuirs et tissus.
Merci à Amélie et Sandrine, elles se reconnaîtront, pour leurs encouragements et leurs conseils ainsi qu'à Isabelle, du blog *Des bouts de nous*, avec laquelle j'ai particulièrement échangé pendant ce travail. Comme elle était lancée également dans l'écriture de son livre *Emballage création*, nous nous sommes encouragées et soutenues !
Merci à Thomas, pour sa patience en toutes circonstances.
Et enfin, merci à toutes les lectrices de mon blog qui viennent tous les jours me rendre visite, à celles qui me laissent parfois des commentaires, à celles qui passent en toute discrétion, à celles qui m'encouragent par leur confiance et leur soutien et qui j'espère auront plaisir à découvrir les créations de ce livre.

Cuir en stock : www.cuirenstock.com
Cousette : www.cousette.com
Ma petite mercerie : www.mapetitemercerie.com

CUIR en STOCK www.cuirenstock.com

Cousette *Du tissu, un peu, beaucoup, passionnément…*

ma petite mercerie www.mapetitemercerie.com

Qui a fait quoi ?

Une collection éditée en partenariat avec Abracadacraft (www.abracadacraft.com)

Photographies d'ambiance et stylisme : Caroline Briel / CINQMAI (www.carolinebriel.com)
Photographies d'étapes et dessins aquarellés : Dany Ennuyer
Conception graphique et mise en pages : Julie Simoens

VIDÉO Les vidéos disponibles sur Internet présentant les gestes techniques et un portrait de l'auteur sont réalisées par CutCut Prod (www.cutcutprod.com) et Abracadacraft.

Abracadacraft et les éditions Eyrolles remercient Carine de la boutique Lil Weasel pour son accueil lors du tournage des vidéos.

61, bd Saint-Germain
75240 Paris Cedex 05
www.editions-eyrolles.com

ISBN : 978-2-212-13952-5

Un problème avec le téléchargement des gabarits ?
Retrouvez-les également sur :
www.st1.eyrolles.com/9782212139525/patrons.zip

Dépôt légal : septembre 2014
n° d'éditeur : 9344
Imprimé en Espagne par Ingoprint